www.ingramcontent.com/pod-product-compliance
Lightning Source LLC
LaVergne TN
LVHW011933070526
838202LV00054B/4619

Hajj Book

A Complete Guide for Hajj & Umrah
with Women Personal Masail and Guidance

BY
MUFTI SAAD ABDUR RAZZAQ

URDU EDITIO
KHAWATEEN HAJJ KAISE KA

ISLAMIC BOOK STORE

خواتین حج کیسے کریں

تالیف
مفتی سعد عبدالرزاق
فاضل جامعہ فاروقیہ
متخصص جامعۃ العلوم الاسلامیہ
علامہ بنوری ٹاؤن کراچی

فہرست

۱	کیا؟ کیوں؟ کیسے؟	۶
۲	چند ضروری باتیں	۸
۳	نقشہ افعال عمرہ اور افعال حج	۲۱
۴	نقشہ برائے ایام حج	۲۹
۵	حیض بند کرنے والی ادویات	۴۱
۶	حج تمتع کا مختصر طریقہ	۴۵
۷	احرام	۵۷
۸	احرام کی نیت کرنے سے پہلے کے چند ضروری کام	۵۷
۹	واجبات احرام	۶۰
۱۰	چند اہم مسائل	۶۰
۱۱	نیت	۶۴

۲۸	بیت اللہ پر پہلی نظر	۱۲
۶۹	افعالِ عمرہ	۱۳
۷۰	طواف اور اقسامِ طواف	۱۴
۷۲	واجبات، محرمات اور مکروہاتِ طواف	۱۵
۷۶	چند ضروری مسائل	۱۶
۸۰	طواف شروع کرنے سے پہلے	۱۷
۸۲	طواف	۱۸
۸۴	ملتزم پر دعا	۱۹
۸۵	طواف کی دو رکعت	۲۰
۸۷	آبِ زم زم	۲۱
۸۸	سعی اور احکامِ سعی	۲۲
۸۸	واجباتِ سعی	۲۳
۸۹	مکروہاتِ سعی	۲۴
۹۱	سعی	۲۵

۹۳	قصر یعنی بال کٹوانا	۲۶
۹۵	عمرے کے بعد مکہ مکرمہ میں دوران قیام کیے جانے والے اعمال	۲۷
۹۶	حرمین شریفین سے متعلق چند ضروری مسائل	۲۸
۹۹	مسائل احرام	۲۹
۱۰۴	جنایات	۳۰
۱۰۷	مسائل طواف	۳۱
۱۱۶	سیلان رحم (لیکوریا)	۳۲
۱۲۰	مسائل سعی	۳۳
۱۲۳	حج	۳۴
۱۲۳	فرائض حج	۳۵
۱۲۴	ارکان حج	۳۶
۱۲۴	واجبات حج	۳۷
۱۲۵	حج کی سنتیں	۳۸

۳۹	اقسام حج	۱۲۶
۴۰	حج قران	۱۲۷
۴۱	حج تمتع	۱۲۸
۴۲	حج افراد	۱۲۹
۴۳	۸ ذی الحجہ کے احکام اور قیام منٰی	۱۲۹
۴۴	۹ ذی الحجہ کے اعمال	۱۳۴
۴۵	وقوفِ عرفات	۱۳۵
۴۶	مستحباتِ وقوفِ عرفات	۱۳۷
۴۷	عرفات کے احکام	۱۳۸
۴۸	رکن وقوف	۱۴۳
۴۹	وقوفِ مزدلفہ	۱۴۵
۵۰	۱۰ ذی الحجہ	۱۴۷
۵۱	مسائل رمی	۱۴۸
۵۲	قیام منٰی اور قربانی	۱۶۰

۱۶۳	قیامِ منیٰ اور سر کے کتروانا	۵۳
۱۶۶	طوافِ زیارت	۵۴
۱۷۷	۱۱ ذی الحجہ	۵۵
۱۷۸	۱۲ ذی الحجہ	۵۶
۱۸۰	۱۳ ذی الحجہ	۵۷
۱۸۰	مسائل طواف وداع	۵۸
۱۸۵	چند ضروری مسائل	۵۹
۱۹۳	مسائل تمتع	۶۰
۱۹۵	نعت	۶۱
۱۹۷	مدینہ منورہ کا سفر	۶۲
۲۲۶	احکام سفر	۶۳
۲۲۸	عورتیں اور باجماعت نماز	۶۴
۲۳۵	نمازِ جنازہ	۶۵
۲۳۹	نمازوں کے اوقات (مکہ مکرمہ و مدینہ منورہ)	۶۶

بِسۡمِ اللّٰہِ الرَّحۡمٰنِ الرَّحِیۡمِ

کیا؟ کیوں؟ کیسے؟

دوران حج کئی موقعوں پر اس بات کا احساس ہوا کہ حج وعمرہ کے مسائل پر مشتمل کوئی ایسا رسالہ مرتب ہونا چاہئے جس میں صرف خواتین سے متعلقہ مسائل کا ذکر کیا جائے اور ساتھ ہی باجماعت نماز اور نماز جنازہ کے طریقے کو بھی اس میں مختصر طور پر بیان کردیا جائے تا کہ ہماری خواتین جو عام طور پر الحمدللہ گھروں ہی میں نماز کا اہتمام کرتی ہیں وہ بھی ضرورت پیش آنے پر جماعت سے نماز اور نماز جنازہ ادا کرسکیں، چنانچہ بندہ نے اللہ تعالیٰ کے فضل وکرم سے اور کچھ احباب کی معاونت سے اس رسالہ کی تیاری شروع کی اور الحمدللہ یہ کام تکمیل کو پہنچا، اس رسالہ کے پڑھنے والالوں سے گزارش ہے کہ دوران مطالعہ اگر کسی غلطی پر مطلع ہوں یا کسی ایسے مسئلہ کی طرف توجہ ہو جو اس کتابچہ میں

فہرست

خواتین حج کیسے کریں ۷

مذکور نہ ہو تو بندہ کو مطلع فرمائیں اور بندہ اور جملہ معاونین کو اپنی دعاؤں میں یاد رکھیں۔

سعد عبدالرزاق

چند ضروری باتیں

ہم سب بہت خوش نصیب ہیں کہ اللہ نے ہمیں اپنے گھر کی طرف سفر کرنے کا اعزاز بخشا، دنیاوی مشاغل سے فراغت نصیب کی، اسباب کا انتظام کیا اور سب سے بڑی بات کہ ہمیں شرف قبولیت بخشا، یہاں تک کہ ہم اپنے سفر کا آغاز کررہے ہیں ، یہ بہت مبارک سفر ہے ،اللہ تعالیٰ اس کو اپنی بارگاہ میں قبول فرمائیں اور ہمیں کامل آداب اور سنت کے مطابق اس سفر اور اس مبارک فریضہ کی ادائیگی کی توفیق نصیب فرمائے۔

سفر کے آغاز سے ہی اس بات کی کوشش کریں کہ سفر کے انتظامات اس طور پر کئے جائیں کہ ہر ہر عمل کامل طور پر ادا ہو سکے ،خصوصاً خواتین اس بات کا ضرور اہتمام فرمائیں کہ اپنے سفر کی ترتیب اس طرح بنائیں کہ حج کے بعد کم از کم مکہ مکرمہ میں ایک ہفتہ قیام کرنا ممکن ہو، اس لئے کہ خواتین کے ساتھ اللہ تعالیٰ نے

فہرست

ماہواری (ایام حیض) کا عذر رکھا ہے، حج کے فوراً بعد واپسی کی صورت میں بعض اوقات طواف زیارت کی ادائیگی ممکن نہیں رہتی اور بسا اوقات خواتین کو اس وجہ سے بڑی بے ادبی کا مرتکب ہونا پڑتا ہے اس لئے سفر کے شروع میں ہی اس کی ترتیب بنالیں کہ چاہے آپ کے حج کا سفر چالیس دن کا ہو یا بارہ دن کا ہر صورت میں حج کے ایام گزرنے کے بعد مکہ مکرمہ میں آپ کا قیام ایک ہفتہ تک ممکن ہو۔

کچھ لوگ آپ کو حیض بند کرنے والی ادویات کے استعما ل کا مشورہ دیں یقیناً وہ آپ کے ساتھ مخلص ہوں گے لیکن حقیقت میں وہ اس سفر کے دوران ان ادویات کی وجہ سے آنے والی مشکلات سے ناواقف ہوں گے، حج پر جانے والی خواتین کے احوال سننے سے یہ بات ظاہر ہوئی کہ یہ ادویات بجائے آسانی کے مشکلات بڑھانے کا سبب بنتی ہیں لہٰذا کوشش کریں کہ اس قسم کی کسی دوائی کا استعمال نہ کیا جائے۔

فہرست

کتاب پڑھنا شروع کرنے سے پہلے کچھ اصطلاحی الفاظ کے معنی سمجھ لیں تاکہ کتاب کا سمجھنا اور ارکان کا ادا کرنا آسان ہو جائے۔

مسائل حج میں بعض چیزوں کے نام عربی میں ہیں، اکثر حج کرنے والی عورتیں چونکہ عربی نہیں سمجھتیں، لہٰذا وہ ان الفاظ کو بھی نہیں سمجھ پاتیں، اس لئے ضرورت اس بات کی ہے کہ ان کی وضاحت کر دی جائے، ان باتوں کو اچھی طرح ذہن نشین کر لیں، کیونکہ آئندہ اصطلاحی الفاظ کا ذکر بار بار آئے گا۔

تسبیح: سُبحَانَ اللہ کہنا۔

تکبیر: اَللّٰہُ اَکبَر کہنا۔

تلبیہ: لَبَّیْكَ اَللّٰھُمَّ لَبَّیْكَ لَبَّیْكَ لَا شَرِیْكَ لَكَ لَبَّیْكَ اِنَّ الْحَمْدَ وَالنِّعْمَةَ لَكَ وَالْمُلْكَ لَا شَرِیْكَ لَكَ

تہلیل: لَا اِلٰهَ اِلَّا اللّٰہُ پڑھنا۔

فہرست

آفاقیہ: وہ عورت ہے، جو میقات کی حدود سے باہر رہتی ہو، جیسے پاکستانی، مصری، شامی، وغیرہ۔

میقات: وہ مقام جہاں سے مکہ مکرمہ جانے والے کیلئے احرام باندھنا واجب ہے۔

میقاتیہ: میقات کی رہنے والی۔

حل: حدود حرم اور حدود میقات کے درمیانی علاقے کو حل کہتے ہیں، کیونکہ اس میں وہ چیزیں حلال ہیں جو حرم کے اندر حرام ہوتی ہیں۔

حِلّیہ: حل کی رہنے والی۔

حرم: مکہ مکرمہ کے چاروں طرف کچھ دُور تک زمین حرم کہلاتی ہے، اس کی حدود پر نشانات لگے ہوئے ہیں، اس میں شکار کھیلنا، درخت کاٹنا وغیرہ حرام ہے۔

حرمیہ: وہ عورت جو حرم میں رہتی ہے، چاہے مکہ مکرمہ میں رہتی

فہرست

ہے، یا مکہ مکرمہ سے باہر حدود حرم میں۔

ذوالحلیفہ: یہ ایک جگہ کا نام ہے، جو مدینہ منورہ سے تقریباً چھ میل پر واقع ہے، مدینہ منورہ کی طرف سے مکہ مکرمہ آنے والوں کے لئے میقات ہے، اسے آجکل بیر علی کہتے ہیں۔

مکیہ: مکہ مکرمہ کی رہنے والی۔

عمرہ: حل یا میقات سے احرام باندھ کر بیت اللہ کا طواف اور صفا ومروہ کی سعی کر کے بال کترو ادینا۔

اِفراد: صرف حج کا احرام باندھنا اور صرف حج کے افعال کرنا۔

مفردہ: حج افراد کرنے والی۔

تمتع: حج کے مہینوں یعنی یکم شوال تا ۱۰ ذی الحجہ میں، پہلے عمرہ کرنا، پھر اسی سال میں حج کا احرام باندھ کر حج کرنا۔

مُتَمَتِّعَة: حج تمتع کرنے والی۔

قران: حج اور عمرہ دونوں کا احرام ایک ساتھ باندھ کر، پہلے عمرہ

کرنا، پھر احرام کھولے بغیر اسی احرام میں حج کرنا۔

قارنہ: حج قران کرنے والا۔

احرام: کے معنی حرام کرنا، حج کرنے والی عورت جس وقت حج یا عمرہ یا حج اور عمرہ دونوں کی نیت کر کے تلبیہ

لَبَّیْکَ اَللّٰھُمَّ لَبَّیْکَ لَبَّیْکَ لَا شَرِیْکَ لَکَ لَبَّیْکَ
اِنَّ الْحَمْدَ وَالنِّعْمَۃَ لَکَ وَالْمُلْکَ لَاشَرِیْکَ لَکَ

پڑھتی ہے، تو اس پر چند حلال اور مُباح چیزیں بھی احرام کی وجہ سے حرام ہو جاتی ہیں، اس لئے اسے احرام کہتے ہیں۔

محرمہ: احرام باندھنے والی۔

بیت اللہ: یعنی کعبہ یہ مکہ معظّمہ میں مسجد حرام کے بیچ میں ایک مقدس مکان اور دنیا میں سب سے پہلا عبادت خانہ ہے، اس کو فرشتوں نے اللہ تعالیٰ کے حکم سے حضرت آدم علیہ السلام کی پیدائش سے بھی پہلے بنایا تھا، پھر منہدم ہو جانے کے بعد حضرت

آدم علیہ السلام نے اس کو تعمیر کیا، پھر حضرت ابراہیم علیہ السلام نے، پھر قریش نے، پھر حضرت عبد اللہ بن زبیرؓ نے، پھر عبدالملک نے، اس کے بعد بھی مختلف زمانوں میں کچھ اصلاح اور مرمت ہوتی رہی ہے، یہ مُسلمانوں کا قبلہ ہے اور بڑا بابرکت اور مقدس مقام ہے۔

طواف: بیت اللہ کے چاروں طرف سات چکر لگانے کو طواف کہتے ہیں۔

شوط: ایک چکر بیت اللہ کے چاروں طرف لگانا۔

مطاف: طواف کرنے کی جگہ جو بیت اللہ کے چاروں طرف ہے۔

حجر اسود: سیاہ پتھر، یہ جنت کا پتھر ہے، جنت سے آنے کے وقت دودھ کی طرح سفید تھا، لیکن بنی آدم کے گناہوں نے اس کو سیاہ کر دیا، یہ بیت اللہ کے مشرقی جنوبی گوشہ میں انسانی قد کے قریب

اونچائی پر بیت اللہ کی دیوار میں گڑا ہوا ہے، اس کے چاروں طرف چاندی کا حلقہ چڑھا ہوا ہے۔

اِستلام: حجر اسود کو بوسہ دینا اور ہاتھ سے چھونا، یا حجر اسود کی طرف دور ہی سے اشارہ کر کے ہتھیلیوں کو چوم لینا۔

مقام ابراہیم: جنتی پتھر ہے۔ حضرت ابراہیم علیہ السلام نے اس پر کھڑے ہو کر بیت اللہ کو تعمیر کیا تھا۔

ملتزم: حجر اسود اور بیت اللہ کے دروازے کے درمیان کی دیوار جس پر لپٹ کر دعا مانگنا مسنون ہے۔

حطیم: بیت اللہ کی شمالی جانب بیت اللہ سے متصل انسانی قد کے برابر دیوار سے کچھ حصہ زمین کا گھرا ہوا ہے، اس کو حطیم کہتے ہیں۔

جناب رسول اللہ صلی اللہ علیہ وسلم کو نبوت ملنے سے پہلے جب خانہ کعبہ کو قریش نے تعمیر کرنا چاہا، تو سب نے یہ اتفاق کیا کہ حلال

فہرست

کمائی کا مال اس میں خرچ کیا جائے گا، لیکن حلال سرمایہ کم تھا، اس وجہ سے شمال کی جانب اصل قدیم بیت اللہ میں سے تقریباً چھ گز (شرعی) جگہ چھوڑ دی، اس چُھٹی ہوئی جگہ کو حطیم کہتے ہیں، اصل حطیم چھ گز (شرعی) کے قریب ہے، اب کچھ احاطہ زائد بنا ہوا ہے۔

رکن یمانی: بیت اللہ کے جنوب مغربی گوشہ کو کہتے ہیں، چونکہ یہ یمن کی جانب ہے۔

رکن عراقی: بیت اللہ کا شمال مشرقی گوشہ جو عراق کی طرف ہے۔

رکن شامی: بیت اللہ کا وہ گوشہ، جو شام کی طرف ہے، یعنی مغربی شمالی گوشہ۔

زمزم: مسجد حرام میں بیت اللہ کے قریب ایک مشہور چشمہ ہے، جس پر جانے کی آج کل اجازت نہیں، جس کو حق تعالیٰ نے اپنی قدرت سے اپنے نبی حضرت اسمٰعیل علیہ السلام اور ان کی والدہ

کے لئے جاری کیا تھا۔

سعی: صفا اور مرویٰ کے درمیان سات چکر لگانا۔

صفا: بیت اللہ کے قریب جنوبی طرف، ایک چھوٹی سی پہاڑی ہے، جس سے سعی شروع کی جاتی ہے۔

میلین اخضرین: صفا اور مروہ کے درمیان مسجد حرام کی دیوار میں دو سبز میل (نشان) لگے ہوئے ہیں، جن کے درمیان سعی کرنے والی عورتیں اپنے معمول کی چال سے چلتی ہیں۔

مروہ: بیت اللہ کے شرقی شمالی گوشہ کے قریب ایک چھوٹی سی پہاڑی ہے، جس پر سعی ختم ہوتی ہے۔

حلق: بال منڈوانا یہ عورتوں کے لئے حرام ہے۔

قصر: بال کتروانا۔

یوم الترویۃ: آٹھویں ذی الحجہ کو کہتے ہیں۔

منٰی: مکہ معظّمہ سے تین میل مشرق کی طرف ایک جگہ ہے، جہاں

پر قربانی اور رمی کی جاتی ہے، یہ حدود حرم میں داخل ہے۔

مسجد خیف: منیٰ کی بڑی مسجد کا نام ہے۔

ایام تشریق: نویں ذی الحجہ کی فجر سے تیرہ ذی الحجہ کی عصر تک جن ایام میں تکبیر تشریق پڑھی جاتی ہے، ان ایام میں روزہ رکھنا حرام ہے اور عمرہ کرنا مکروہ ہے۔

وقوف: کے معنی ٹھہرنا اور احکام حج میں اس سے مراد، میدانِ عرفات یا مزدلفہ میں خاص وقت میں ٹھہرنا۔

یوم عرفہ: نویں ذی الحجہ جس روز حج ہوتا ہے اور حجاج کرام عرفات میں وقوف کرتے ہیں۔

عرفات یا عرفہ: مکہ مکرمہ سے تقریباً ۹ میل مشرق کی طرف ایک میدان ہے، جہاں پر حجاج کرام نویں ذی الحجہ کو وقوف کرتے ہیں۔

جبل رحمت: عرفات میں ایک پہاڑ ہے۔

فہرست

بطن عرنہ: عرفات کے قریب ایک میدان ہے، جس میں وقوف درست نہیں ہے، کیونکہ یہ حدودِ عرفات سے خارج ہے۔

مسجد نمرہ: عرفات کے کنارے پر ایک مسجد ہے۔

مزدلفہ: منٰی اور عرفات کے درمیان ایک میدان ہے، جو منٰی سے تین میل مشرق کی طرف ہے۔

محسر: مزدلفہ سے ملا ہوا ایک میدان ہے، جہاں سے گزرتے وقت دوڑ کر نکلتے ہیں۔

ایام نحر: دس ذی الحجہ کی فجر سے بارہویں کی مغرب تک۔

رمی: کنکریاں پھینکنا۔

جمرات یا جمار: منٰی میں تین مقام ہیں، جن پر ستون بنے ہوئے ہیں، یہاں پر کنکریاں ماری جاتی ہیں، ان میں سے جو مسجد خیف کے قریب ہے، اس کو جمرۃ اُولٰی کہتے ہیں اور اُس کے بعد مکہ مکرمہ کی طرف بیچ والے کو جمرۃ وسطٰی اور اس کے بعد والے کو جمرۃ

کبریٰ، جمرۃ عقبہ اور جمرۃ اخریٰ کہتے ہیں۔

دم: احرام کی حالت میں بعض ممنوع افعال کرنے سے، بکری وغیرہ ذبح کرنی واجب ہوتی ہے، اس کو دم کہتے ہیں۔

جنت المعلیٰ: مکہ مکرمہ کا قبرستان۔

جنت البقیع: مدینہ منورہ کا قبرستان

نقشہ افعال عمرہ اور افعال حج

عمرہ، حج افراد، حج تمتع اور حج قران کے تمام مناسک مختصر طریقہ سے فہرست کے طور پر ترتیب وار علیحدہ علیحدہ لکھے جاتے ہیں، حج کرنے والی عورتوں کو چاہیئے کہ اس فہرست کو عمرہ اور حج کے وقت ساتھ رکھیں اور ہر عمل کے احکام، اس عمل کو کرتے ہوئے، اس کے بیان میں دیکھ لیں، اس فہرست میں طواف قدوم کے علاوہ باقی افعال صرف وہ شمار کئے گئے ہیں، جو شرط یا رکن یا واجب ہیں، سنتوں اور مستحبات کو شمار نہیں کیا گیا، کیونکہ ان کی فہرست بہت طویل ہے، ان کا ذکر ہر عمل کے بیان میں کر دیا گیا ہے۔

فہرست

عمرہ

صرف عمرہ کا احرام باندھنے کی صورت میں کئے جانے والے اعمال

نمبر شمار	افعال	حکم
۱	احرام عمرہ	فرض
۲	طواف	فرض
۳	سعی	واجب
۴	سر کے بال انگلی کے ایک پورے کے بقدر کتروانا	واجب

نوٹ:

1 عمرہ کرنے والی سر کے بال انگلی کے ایک پورے کے بقدر کٹوانے کے بعد عمرے کے احرام سے حلال ہو جائے گی۔

2 اگر بال کٹوانے کے علاوہ عمرہ کے تمام افعال ادا کر دیئے ہیں تو اپنے بال بھی کاٹ سکتی ہے اور دوسروں کے بھی۔

فہرست

حج افراد

صرف حج کا احرام باندھنے کی صورت میں کئے جانے والے اعمال

حکم	افعال	نمبر شمار
فرض	احرام	۱
سنت	طواف قدوم	۲
فرض	وقوف عرفہ	۳
واجب	وقوف مزدلفہ	۴
واجب	۱۰ ذی الحجہ کو بڑے شیطان کو کنکریاں مارنا	۵
مستحب	قربانی	۶
واجب	سر کے بال انگلی کے ایک پورے کے بقدر کتروانا	۷
فرض	طواف زیارت	۸

فہرست

۹	حج کی سعی	واجب
۱۰	۱۱، ۱۲ ذی الحجہ کو تینوں شیطانوں کو کنکریاں مارنا	واجب
۱۱	طواف وداع (آفاقیہ کے لئے)	واجب

نوٹ:

1 آفاقیہ میقات سے باہر کے رہنے والی عورت کو کہتے ہیں۔

2 افراد کرنے والی عورت کے لئے افضل یہ ہے کہ حج کی سعی طواف زیارت کے بعد کرے۔

3 آفاقیہ تینوں قسموں کا حج کرسکتی ہے البتہ جو عورت میقات کی حدود کے اندر کی رہنے والی ہو وہ صرف حج افراد ہی کرسکتی ہے۔

حج قران

حج اور عمرہ دونوں کا ایک ساتھ احرام باندھنے کی صورت میں کئے جانے والے اعمال

نمبر شمار	افعال	حکم
۱	احرام حج وعمرہ	فرض
۲	طواف عمرہ	فرض
۳	سعی عمرہ	واجب
۴	طواف قدوم	سنت
۵	حج کی سعی	واجب
۶	وقوف عرفہ	فرض
۷	وقوف مزدلفہ	واجب
۸	۱۰ ذی الحجہ کو بڑے شیطان کو کنکریاں مارنا	واجب

فہرست

۹	قربانی	واجب
۱۰	سر کے بال انگلی کے ایک پورے کے بقدر کتروانا	واجب
۱۱	طواف زیارت	فرض
۱۲	۱۱، ۱۲ ذی الحجہ کو تینوں شیطانوں کو کنکریاں مارنا	واجب
۱۳	طواف وداع	واجب

نوٹ:

❶ حج قران کرنے والی کے لئے حج کی سعی طواف قدوم کے بعد افضل ہے البتہ طواف قدوم کے ساتھ حج کی سعی نہ کرنے کی صورت میں حج کی سعی طواف زیارت کے بعد کرنی ہوگی۔

❷ حج قران کرنے والی عورت عمرہ کا طواف اور سعی کرنے کے بعد بال نہیں کٹوائے گی اور نہ ہی احرام سے حلال ہوگی بلکہ حج کے

افعال ادا کرنے تک حالت احرام ہی میں رہے گی۔

حج تمتع

پہلے صرف عمرہ کا احرام باندھنے اور پھر حج کا احرام باندھنے کی صورت میں کئے جانے والے اعمال

نمبر شمار	افعال	حکم
۱	احرام عمرہ	فرض
۲	طواف عمرہ	فرض
۳	سعی عمرہ	واجب
۴	سر کے بال انگلی کے ایک پورے کے بقدر کتروانا	واجب
۵	آٹھویں ذی الحجہ کو حج کا احرام باندھنا	فرض
۶	وقوف عرفہ	فرض
۷	وقوف مزدلفہ	واجب

فہرست

۸	۱۰ ذی الحجہ کو بڑے شیطان کو کنکریاں مارنا	واجب
۹	قربانی	واجب
۱۰	سر کے بال انگلی کے ایک پورے کے بقدر کتروانا	واجب
۱۱	طواف زیارت	فرض
۱۲	حج کی سعی	واجب
۱۳	۱۱، ۱۲ ذی الحجہ کو تینوں شیطانوں کو کنکریاں مارنا	واجب
۱۴	طواف وداع	واجب

نوٹ: حج تمتع کرنے والی عورت عمرہ کا طواف اور سعی کرنے کے بعد بال کٹوا کر عمرہ کے احرام سے حلال ہوجائے گی اور ۸ ذی الحجہ کو مکہ مکرمہ ہی سے حج کا احرام باندھے گی۔

فہرست

نقشہ برائے ایام حج

۸ذی الحجہ

نمبر شمار	افعال	حکم
۱	حج کا احرام باندھنا یا پہلے سے احرام کی حالت میں ہونا	فرض
۲	زوال سے پہلے منیٰ پہنچنا	سنت
۳	ظہر، عصر، مغرب اور عشاء منیٰ میں پڑھنا	سنت
۴	آٹھ اور نو ذی الحجہ کی درمیانی شب منیٰ میں گزارنا	سنت

اہم گزارشات:

❶ آٹھ ذی الحجہ کو حج کا احرام حج تمتع کرنے والی عورتیں باندھیں گی، حج افراد اور حج قران کرنے والی عورتیں تو پہلے ہی سے حالت احرام میں ہوں گی۔

فہرست

❷ آٹھ ذی الحجہ کو سورج نکلنے کے بعد مکہ مکرمہ سے منیٰ روانہ ہونا سنّت ہے، لیکن آج کل حجاج کرام کی تعداد بہت زیادہ ہو جانے کی وجہ سے معلّم مجبوراً لوگوں کو رات ہی سے منیٰ بھیجنا شروع کر دیتے ہیں، اس لئے اگر رات کو منیٰ جانا پڑے تو مجبوری سمجھ کر چلی جائیں۔

❸ آج کل ہجوم کی وجہ سے منیٰ کے بعض خیمے مزدلفہ میں لگائے جاتے ہیں یاد رہے کہ منیٰ میں رات گزارنا سنت ہے، اس لئے وہ خواتینجن کے خیمے مزدلفہ میں ہیں، وہ رات کے کسی حصے میں تھوڑی دیر کیلئے منیٰ آجائیں تاکہ کسی نہ کسی درجہ میں یہ سنت ادا ہو جائے۔

۹ ذی الحجہ

حکم	افعال	نمبر شمار
سنت	۹ نو ذی الحجہ کو فجر کی نماز منیٰ میں پڑھنا	۱
واجب	نو ذی الحجہ کی فجر سے لے کر تیرہ ذی الحجہ کی عصر تک ہر نماز کے بعد تکبیر تشریق آہستہ آواز میں پڑھنا	۲
سنت	زوال سے پہلے عرفات پہنچنا	۳
سنت	حج کا خطبہ سننا	۴
سنت	اگر شرائط پائی جائیں تو ظہر وعصر کی نماز ایک ساتھ پڑھنا	۵
فرض	زوال کے بعد وقوف عرفہ کرنا	۶
واجب	سورج غروب ہونے تک عرفات میں ٹھہرنا	۷

فہرست

خواتین حج کیسے کریں ۳۲

۸	سورج غروب ہونے کے بعد عرفات سے مزدلفہ روانہ ہونا	سنت
۹	مزدلفہ پہنچ کر عشاء کے وقت میں مغرب و عشاء کی نماز اکٹھا پڑھنا	واجب
۱۰	نو اور دس ذی الحجہ کی درمیانی رات مزدلفہ میں گزارنا	سنت
۱۱	شیطان کو مارنے کے لئے کنکریاں جمع کرنا	سنت

اہم گزارشات:

❶ تکبیر تشریق کے الفاظ یہ ہیں

اَللّٰہُ اَکْبَرُ اَللّٰہُ اَکْبَرُ لَا اِلٰہَ اِلَّا اللّٰہُ وَاللّٰہُ اَکْبَرُ اَللّٰہُ اَکْبَرُ وَلِلّٰہِ الْحَمْدُ

❷ اگر کسی نے مغرب کی نماز عرفات میں، یا راستہ میں مزدلفہ پہنچنے

فہرست

سے پہلے، یا مزدلفہ پہنچ کر عشاء کا وقت داخل ہونے سے پہلے ادا کر لی تو اس کی مغرب کی نماز نہیں ہوئی اس پر مزدلفہ پہنچ کر عشاء کا وقت داخل ہونے کے بعد مغرب کی نماز کا لوٹانا واجب ہے۔

۳ اگر ۱۰، ۱۱ اور ۱۲ تین دن رمی کرنی ہے تو کم از کم ۴۹ کنکریاں جمع کرے اور اگر ۱۳ کو بھی رمی کرنی ہے تو کم از کم ۷۰ کنکریاں جمع کرے۔

۱۰ ذی الحجہ

نمبر شمار	افعال	حکم
۱	صبح صادق کے بعد اول وقت میں فجر کی نماز پڑھنا	سنت
۲	طلوع آفتاب سے پہلے پہلے وقوف مزدلفہ کرنا	واجب

فہرست

۳	طلوع آفتاب سے پہلے پہلے منیٰ روانہ ہوجانا	سنت
۴	منیٰ پہنچ کر بڑے شیطان کو کنکریاں مارنا	واجب
۵	حج کی قربانی کرنا	واجب
٦	سر کے بال انگلی کے ایک پورے کے بقدر کتروانا	واجب
۷	قربانی اور قصر کا حدود حرم میں کرنا	واجب
۸	رمی، قربانی اور قصر ترتیب سے کرنا	واجب
۹	طواف زیارت کرنا	فرض
۱۰	طواف زیارت کے بعد حج کی سعی کرنا	واجب
۱۱	دس اور گیارہ ذی الحجہ کی درمیانی رات منیٰ میں گزارنا	سنت

اہم گزارشات:

❶ جمرہ عقبیٰ (بڑے شیطان) کو پہلی کنکری مارنے سے پہلے ہی

فہرست

تلبیہ پڑھنا بند کر دیا جائے گا۔

❷ دس ذی الحجہ کی رمی (کنکریاں مارنے) کا وقت دس ذی الحجہ کی صبح صادق سے گیارہ ذی الحجہ کی صبح صادق تک ہے۔

❸ حج کی قربانی حج افراد کرنے والی عورت کے لئے افضل جبکہ حج تمتع اور حج قران کرنے والی عورت پر واجب ہے۔

❹ طواف زیارت کا وقت دس ذی الحجہ کی صبح صادق سے بارہ ذی الحجہ کے سورج غروب ہونے تک ہے اس دوران کسی بھی وقت طواف زیارت ادا کیا جا سکتا ہے۔

❺ حج افراد اور حج تمتع کرنے والی عورت کے لئے حج کی سعی طواف زیارت کے بعد کرنا افضل ہے جبکہ حج قران کرنے والی عورت کے لئے حج کی سعی طواف قدوم کے بعد کرنا افضل ہے۔

❻ بال کٹواتے ہی احرام کھل جائے گا اور سوائے مرد (شوہر) کے سب چیزیں حلال ہو جائیں گی اور طواف زیارت کرنے کے بعد

مرد (شوہر) کے لئے بھی حلال ہو جائے گی۔

❼ منیٰ حدود حرم میں داخل ہے۔

۱۱ ذی الحجہ

نمبر شمار	افعال	حکم
۱	زوال کے بعد تینوں جمرات کی رمی کرنا	واجب
۲	تینوں جمرات کی رمی ترتیب سے (پہلے چھوٹے، پھر درمیانے اور پھر بڑے شیطان کی رمی) کرنا	سنت
۳	چھوٹے اور درمیانے شیطان کی رمی کے بعد دعا مانگنا اور بڑے شیطان کی رمی کے بعد دعا نہ مانگنا	سنت
۴	گیارہ اور بارہ ذی الحجہ کی درمیانی شب منیٰ میں گزارنا	سنت

اہم گزارشات:

❶ گیارہ اور بارہ ذی الحجہ کو رمی کا وقت زوال کے بعد شروع ہوتا ہے اگر کسی نے زوال سے پہلے رمی کر لی تو رمی ادا نہ ہوگی بلکہ لوٹانا واجب ہوگا۔

❷ گیارہ ذی الحجہ کی رمی کا وقت گیارہ ذی الحجہ کے زوال کے وقت سے بارہ ذی الحجہ کی صبح صادق تک ہے۔

۱۲ ذی الحجہ

نمبر شمار	افعال	حکم
۱	زوال کے بعد تینوں جمرات کی رمی کرنا	واجب
۲	تینوں جمرات کی رمی ترتیب سے (پہلے چھوٹے، پھر درمیانے اور پھر بڑے شیطان کی رمی) کرنا	سنت

فہرست

۳	چھوٹے اور درمیانے شیطان کی رمی کے بعد دعا مانگنا اور بڑے شیطان کی رمی کے بعد دعا نہ مانگنا	سنت
۴	سورج غروب ہونے سے پہلے پہلے مکہ مکرمہ روانہ ہوجانا	جائز
۵	سورج غروب ہونے کے بعد مکہ مکرمہ روانہ ہونا	مکروہ
٦	بارہ اور تیرہ ذی الحجہ کی درمیانی شب منیٰ میں گزارنا	سنت

اہم گزارشات:

❶ گیارہ اور بارہ ذی الحجہ کو رمی کا وقت زوال کے بعد شروع ہوتا ہے اگرکسی نے زوال سے پہلے رمی کرلی تو رمی ادا نہ ہوگی بلکہ لوٹانا واجب ہوگا۔

❷ بارہ ذی الحجہ کی رمی کا وقت بارہ ذی الحجہ کے زوال کے وقت

سے تیرہ ذی الحجہ کی صبح صادق تک ہے۔

۳ غروب آفتاب سے پہلے منیٰ سے مکہ مکرمہ روانہ ہوجائے، غروب کے بعد منیٰ سے جانا مکروہ ہے اور اگر ۱۳ ذی الحجہ کی صبح صادق منیٰ میں رہتے ہوئے ہوگئی تو پھر ۱۳ ذی الحجہ کی رمی بھی واجب ہوجائے گی۔

۱۳ ذی الحجہ

نمبر شمار	افعال	حکم
۱	زوال کے بعد تینوں جمرات کی رمی کرنا	واجب
۲	تینوں جمرات کی رمی ترتیب سے (پہلے چھوٹے، پھر درمیانے اور پھر بڑے شیطان کی رمی) کرنا	سنت
۳	چھوٹے اور درمیانے شیطان کی رمی کے بعد دعا مانگنا اور بڑے شیطان کی رمی کے بعد دعا نہ مانگنا	سنت

فہرست

اہم گزارشات:

1 تیرہ ذی الحجہ کی رمی کا وقت تیرہ ذی الحجہ کے زوال کے وقت سے تیرہ ذی الحجہ کے غروب آفتاب تک ہے،البتہ تیرہ ذی الحجہ کو زوال سے پہلے اگر کسی نے رمی کر لی تو کراہت کے ساتھ رمی جائز ہو جائے گی۔

حج الحمد للہ مکمل ہو گیا،اب حج کے واجبات میں سے صرف ایک واجب طواف وداع باقی رہ گیا،گھر روانہ ہونے سے پہلے اس واجب کو بھی ادا کر لیں اور واپسی تک جو وقت باقی رہ گیا ہے اس کو غنیمت جانیں اور خوب عبادات، طواف اور نوافل میں مشغول رہیں۔

فہرست

حیض بند کرنے والی ادویات

خواتین کے لئے حیض بند کرنے والی ادویات کا استعمال انتہائی مضر ہے اس لئے حتی الامکان ان سے پرہیز کرنا چاہئے، خصوصا وہ خواتین جنہیں اللہ رب العزت نے اپنے پاک گھر کی حاضری کے لئے قبول فرمایا۔

تجربہ سے یہ بات ثابت شدہ ہے کہ حج کے سفر کے دوران ان ادویات کے استعمال سے بجائے فائدے کے نقصان ہوتا ہے اور جب خواتین سے یہ بات عرض کی جاتی ہے تو عموماً ایک ہی جواب ملتا ہے کہ ہم نے اپنی ڈاکٹر سے اس بارے میں پوچھ لیا ہے اور انہوں نے ہمیں ان ادویات کے استعمال کی اجازت دی ہے حالانکہ عام طور پر ڈاکٹر حج کے مسائل اور دوران سفر حج وعمرہ ان ادویات کی وجہ سے پیش آنے والے شرعی مسائل سے واقفیت نہیں رکھتیں اس لئے وہ سفر حج وعمرہ کو عام سا سفر سمجھتے

ہوئے اس قسم کی اجازت دے دیتی ہیں،اس لئے مؤدبانہ گزارش ہے کہ خواتین اس شرعی عذر کو جو اللہ تعالیٰ نے ہر عورت کے لئے مقرر فرمایا ہے اپنی مرضی کے مطابق ڈھالنے کے لئے کسی قسم کا غیر فطری طریقہ اختیار نہ کریں۔

حیض بند کرنے والی ادویات استعمال کرنے کا اگر خواتین پختہ تہیہ کر ہی لیں تو ان ادویات کے اجزاء کا ضرور جائزہ لیں کہ کہیں اس میں کوئی ناجائز چیز تو شامل نہیں۔

مسئلہ: اگر ان ادویات کے استعمال سے خون مکمل طور پر بند ہو جائے تو اس عورت کے لئے مسجد میں داخل ہونا اور طواف کرنا جائز ہے۔

مسئلہ: اگر ادویات کے استعمال سے خون کم تو ہوا لیکن مکمل طور پر بند نہیں ہوا ایک ایک قطرہ وقفہ وقفہ سے آتا رہا یا کپڑوں پر دھبہ لگتا رہا یا پیشاب کے وقت سرخی محسوس ہوتی رہی تو ان سب

فہرست

صورتوں میں اس عورت کے لئے ایام حیض میں مسجد میں داخل ہونا اور طواف کرنا جائز نہیں، اگر کسی نے اس حالت میں طواف کرلیا تو اس کا وہی حکم ہوگا جو حالت حیض میں طواف کرنے کا ہے۔

مسئلہ: بعض خواتین کو ادویات کے استعمال کی وجہ سے دو دو ماہ تک تھوڑا تھوڑا خوان آتا رہتا ہے اور وہ اسے حیض سمجھتے ہوئے نماز ادا نہیں کرتیں روزہ نہیں رکھتیں اور طواف کے لئے پریشان رہتیں ہیں، یہ کم علمی اور ناسمجھی کی بات ہے، دراصل اس خون کو استحاضہ (بیماری کا خون) کہتے ہیں اس کا حکم یہ ہے کہ عورت کے حیض کی عادت کے ایام میں یہ خون حیض شمار ہوگا اور اس میں نماز ، روزہ اور طواف نہیں کیا جائے گا نہ ہی اس عورت کو ان دنوں میں مسجد میں جانے کی اجازت دی جائے گی، لیکن حیض کی عادت کے علاوہ کے ایام میں یہ خون استحاضہ (بیماری کا خون) سمجھا

جائے گا اور یہ عورت پاک سمجھی جائے گی اور اسے نماز اور روزوں کا اہتمام کرنا ہوگا، اگر طواف کرنا چاہے تو طواف کر سکتی ہے، مسجد میں حاضر ہونا چاہے تو مسجد جا سکتی ہے۔

فہرست

بِسۡمِ اللّٰہِ الرَّحۡمٰنِ الرَّحِیۡمِ
نَحۡمَدُہٗ وَنُصَلِّیۡ عَلٰی رَسُوۡلِہِ الۡکَرِیۡم
لَبَّیۡکَ اَللّٰھُمَّ لَبَّیۡکَ لَبَّیۡکَ لَا شَرِیۡکَ لَکَ لَبَّیۡکَ اِنَّ الۡحَمۡدَ وَالنِّعۡمَۃَ لَکَ وَالۡمُلۡکَ لَا شَرِیۡکَ لَکَ

حج تمتع کا مختصر طریقہ

جب حج کرنے والی عورت اپنے گھر سے روانہ ہوتی ہے تو میقات تک اس کے اوپر حج کے کوئی احکامات جاری نہیں ہوتے، میقات کے بعد سے حج کے احکامات جاری ہوتے ہیں چاہے جس میقات سے گزرے اور اس کی مکہ مکرمہ جانے کی نیت ہو، اسے میقات سے عمرہ یا حج کا احرام باندھنا واجب ہے (البتہ براہ راست مدینہ منورہ جانے کی صورت میں احرام نہیں باندھا جائے گا) یہ احرام مکہ معظّمہ تک بندھا رہے گا، مکہ معظّمہ پہنچ کر بیت اللہ شریف کا طواف کریں، اس کے بعد سعی (صفا مروہ) کریں، سعی

فہرست

سے فارغ ہوکر اپنے بال انگلی کے ایک پورے کے بقدر کٹوالیں، بس اب آپ عمرہ سے فارغ ہیں، احرام کھل گیا، نمازیں پڑھیں، کثرت سے طواف کریں، ۸ ذی الحجہ کو پھر آپ نے حج کے لئے احرام باندھنا ہے۔

حج کا پہلا دن ۸ ذی الحجہ

۸ ذی الحجہ کو غسل وغیرہ کر کے جسم پر خوشبو لگا کر (لیکن ایسی خوشبو نہ لگائیں جس کا جسم باقی رہے) احرام باندھ کر احرام کی دو رکعت نفل پڑھیں، پھر اس طرح نیت کریں:

اَللّٰھُمَّ اِنِّیْ اُرِیْدُ الْحَجَّ فَیَسِّرْہُ لِیْ وَتَقَبَّلْہُ مِنِّیْ

اے اللہ! میں حج کی نیت کرتی ہوں اس کو میرے لئے آسان فرمادے اور قبول فرمالے۔

اگر حج کی سعی پہلے کرنا چاہیں تو حج کے احرام کے بعد ایک نفلی طواف کریں اور اس کے بعد حج کی سعی کی نیت سے سعی کریں،

مگر حج تمتع کرنے والی عورت کے لئے طواف زیارت کے بعد حج کی سعی کرنا افضل ہے، طلوع آفتاب کے بعد مکہ معظّمہ سے منیٰ کی طرف روانہ ہوجائیں، منیٰ پہنچ کر پانچ نمازیں ظہر، عصر، مغرب، عشاء اور فجر پڑھیں۔

حج کا دوسرا دن ۹ ذی الحجہ

۹ ذی الحجہ کی صبح بعد نماز فجر طلوع آفتاب کا انتظار کریں، نیز فجر کی نماز جب اُجالا ہوجائے تب پڑھیں، جب کچھ دھوپ نکل آئے تو سکون اور اطمینان کے ساتھ تلبیہ یعنی

لَبَّيْكَ اَللّٰهُمَّ لَبَّيْكَ لَبَّيْكَ لَا شَرِيْكَ لَكَ لَبَّيْكَ
اِنَّ الْحَمْدَ وَالنِّعْمَةَ لَكَ وَالْمُلْكَ لَا شَرِيْكَ لَكَ

پڑھتے ہوئے عرفات روانہ ہوجائیں، درود شریف، ذکر الٰہی اور تلبیہ کی کثرت رکھیں۔

طلوع آفتاب سے پہلے منیٰ سے عرفات روانہ ہونا خلاف سنت

ہے، عرفات پہنچ کر سوائے وادئ عرنہ کے جہاں چاہیں قیام کریں، جبل رحمت کے قریب قیام کرنا افضل ہے، آج کل حجاج کے قیام کا انتظام معلمین حضرات کرتے ہیں، زوال کے بعد وقوف عرفات یعنی حج کے رکن اعظم کا وقت شروع ہوجاتا ہے، اس وقت عرفات ہی میں آپ کو رہنا ضروری ہے، زوال سے پہلے غسل کرنا افضل ہے، غسل نہ کرسکیں تو صرف وضو کرلیں اور پھر یہ دُعا بار بار پڑھیں

سُبْحَانَ اللّٰهِ وَالْحَمْدُ لِلّٰهِ وَلَا اِلٰهَ اِلَّا اللّٰهُ وَاللّٰهُ اَكْبَرُ

میدان عرفات میں ان اذکار کا اہتمام کریں

سو مرتبہ

لَا اِلٰهَ اِلَّا اللّٰهُ وَحْدَهٗ لَا شَرِيْكَ لَهٗ لَهُ الْمُلْكُ وَلَهُ الْحَمْدُ وَهُوَ عَلٰى كُلِّ شَيْءٍ قَدِيْرٌ

اور سو مرتبہ

قُلْ هُوَ اللّٰهُ اَحَدٌ پوری سورت

اور سو مرتبہ

اَللّٰهُمَّ صَلِّ عَلٰى مُحَمَّدٍ وَّعَلٰى اٰلِ مُحَمَّدٍ كَمَا صَلَّيْتَ عَلٰى اِبْرَاهِيْمَ وَعَلٰى اٰلِ اِبْرَاهِيْمَ اِنَّكَ حَمِيْدٌ مَّجِيْدٌ وَعَلَيْنَا مَعَهُمْ

اور سو مرتبہ تیسرا کلمہ بھی پڑھیں:

سُبْحَانَ اللّٰهِ وَالْحَمْدُ لِلّٰهِ وَلَآ اِلٰهَ اِلَّا اللّٰهُ وَاللّٰهُ اَكْبَرُ

عرفات میں نہایت عاجزی اور انکساری کے ساتھ شام تک دُعاء و استغفار کرتی رہیں، عرفات کا مبارک وقت اور مبارک دن بار بار نصیب نہیں ہوتا اسی محدود وقت کا نام حج ہے، تجلّیات و برکات کے اس پُرنور دن کو غفلت ولا پرواہی سے نہ گزارنا چاہیئے، دل ودماغ میں اللہ تبارک وتعالیٰ کی شان عظمت وکبریائی کا تصور قائم

کر کے تلاوت قرآن مجید، کثرت دُرود شریف، تلبیہ اور ذکر وفکر میں اپنا سارا وقت شام تک صرف کریں اور اپنے رشتہ دار واحباب ،سعد عبدالرزاق اور اس کے گھر والوں اور تمام مسلمانوں کے لئے بھی دعا کریں، قبولیت دُعا کا یہ عجیب وقت ہوتا ہے، میدان عرفات میں اس دن جو بھی دعا مانگی جائے گی، وہ ان شاء اللہ قبول ہوگی۔

غروب آفتاب کے بعد عرفات سے مزدلفہ روانہ ہوجائیں اور اگر غروب آفتاب سے پہلے مزدلفہ روانہ ہوگئیں تو دم دینا واجب ہوگا، مگر مغرب کی نماز عرفات میں نہ پڑھیں، بلکہ مزدلفہ پہنچ کر عشاء کے وقت میں مغرب وعشاء دونوں اکٹھی پڑھیں اور دونوں نمازوں کے درمیان سنت اور نفل نہ پڑھیں، بلکہ مغرب وعشاء کی سنت اور وتر عشاء کی نماز کے بعد حسب ترتیب پڑھیں، مزدلفہ کے علاوہ کسی دوسری جگہ نماز مغرب وعشاء ملا کر یا علیحدہ پڑھ لی، تو

مزدلفہ پہنچ کر دوبارہ پڑھنی ہوگی، اگر راستہ میں اتنی دیر ہوجائے کہ طلوع فجر کا اندیشہ ہو، تو مغرب وعشاء راستہ میں پڑھ سکتی ہیں، اگر مغرب کے وقت کے دوران مزدلفہ پہنچ جائیں تو تب بھی نماز مغرب، عشاء کے وقت سے پہلے نہ پڑھیں اور اگر راستہ میں دیر ہوجائے اور یہ ڈر ہو کہ عشاء کا وقت بھی نکل جائے گا تو اس صورت میں راستے ہی میں مغرب وعشاء کی نماز پڑھ لیں، پھر اگر مزدلفہ صبح صادق سے پہلے پہنچ جائیں تو ان نمازوں کو دہرانا ہوگا۔

مزدلفہ کی رات برکات وانوار کی رات ہے، جس قدر بھی ممکن ہو وقت ضائع نہ کریں، علماء کے نزدیک یہ رات شب قدر اور شب جمعہ سے بھی افضل ہے، اس رات کا مزدلفہ میں گزارنا سنت مؤکدہ ہے، طلوع فجر کے وقت سے وقوف مزدلفہ کا وقت ہے، اس کے لئے غسل کرنا مستحب ہے، طلوع آفتاب تک یہاں دُعا وغیرہ میں مشغول رہنا مسنون ہے۔

فہرست

وقوف مزدلفہ واجب ہے، مزدلفہ میں ہر جگہ ٹھہر سکتے ہیں مگر مشعر حرام کے قریب ٹھہرنا افضل ہے، طلوع آفتاب سے کچھ پہلے سکون کے ساتھ منٰی کی طرف روانہ ہوجائیں، منٰی میں رمی جمار (کنکریاں مارنا) کے لئے مزدلفہ سے ستر کنکریاں جس کی مقدار چنے کے دانے کے برابر ہو، اپنے ساتھ لے جائیں۔

حج کا تیسرا دن ۱۰ ذی الحجہ

دس تاریخ کو منٰی پہنچ کر سب سے پہلے صرف بڑے شیطان کی رمی کریں، طریقہ یہ ہے کہ جمرہ کے سامنے کھڑے ہوکر داہنے ہاتھ سے پے در پے سات کنکریاں ماریں اور ہر دفعہ یہ دعا پڑھیں:

بِسْمِ اللّٰہِ اَللّٰہُ اَکْبَرُ رَغْمًا لِّلشَّیْطٰنِ وَرِضیً لِّلرَّحْمٰنِ اَللّٰھُمَّ اجْعَلْہُ حَجًّا مَّبْرُوْرًا وَّذَنْبًا مَّغْفُوْرًا وَّسَعْیًا مَّشْکُوْرًا

جمرہ عقبہ کی رمی سے فارغ ہوکر سب سے پہلے قربانی کرنا واجب

ہے، مفردہ (حج افراد کرنے والی) کے لئے قربانی کرنا مستحب ہے جبکہ حج تمتع اور حج قران کرنے والی عورت پر واجب ہے ،قربانی کرنے کے بعد اپنے بال انگلی کے ایک پورے کے بقدر کٹوا کر احرام سے فارغ ہو جائے۔

۱۰ ذی الحجہ کو طواف زیارت کرنا افضل ہے، اگر نہ ہو سکے تو گیارہ یا بارہ ذی الحجہ کو کرلیں، یہ طواف حج کا آخری رکن اور فرض ہے، بال کٹوا لینے کے بعد ہر وہ چیز سوائے مرد (شوہر) کے جو احرام کی وجہ سے منع تھی، جائز ہوگئی، مرد (شوہر) کے لئے طوافِ زیارت کے بعد حلال ہوگی، اگر پہلے حج کی سعی نہ کی ہو تو حج کی سعی بھی کرلیں اور منٰی واپس آجائیں، منٰی میں رات گزارنا سنت ہے۔

طواف زیارت ۱۲ ذی الحجہ کے غروبِ آفتاب سے پہلے کرنا ضروری ہے، ایام نحر قربانی کے تین دن (۱۰ ذی الحجہ کی صبح صادق سے ۱۲ ذی الحجہ کے غروب آفتاب) میں اگر طواف زیارت نہ کیا

تو دم دینا ہوگا اور طواف زیارت بھی کرنا ہوگا، پہلے دن جمرہ عقبہ کی رمی کا وقت فجر سے لے کر اگلے دن فجر تک ہے، مگر مسنون اور افضل یہی ہے کہ رمی جمار (شیطان کو کنکری مارنا) طلوع آفتاب کے بعد اور زوال سے پہلے ہو، عورتوں کے لئے تاخیر سے رمی کرنے میں کوئی حرج نہیں، ورنہ بلا عذر رات کو رمی جمار کرنا مکروہ ہے۔

حج کا چوتھا اور پانچواں دن ۱۱ اور ۱۲ ذی الحجہ

۱۱ اور ۱۲ ذی الحجہ کو زوال کے بعد تینوں شیطانوں پر کنکریاں ماریں، پہلے جمرہ اولیٰ (چھوٹا شیطان) پھر جمرہ وسطی (درمیانی شیطان) پھر جمرہ عقبہ (بڑا شیطان) کی رمی کریں اور ہر کنکری کے ساتھ بِسْمِ اللّٰهِ اَللّٰهُ اَکْبَر والی پوری دعا پڑھیں، ۱۲ ذی الحجہ کو غروب آفتاب سے پہلے بغیر کسی کراہت کے منیٰ سے مکہ معظّمہ آسکتے ہیں، غروب آفتاب کے بعد آنا مکروہ ہے، لیکن اگر

فہرست

۱۳ ذی الحجہ کی صبح صادق منٰی میں ہوجائے تو پھر ۱۳ ذی الحجہ کی رمی کے بغیر آنا جائز نہیں، تینوں شیطانوں پر زوال کے بعد کنکریاں ماریں (زوال سے پہلے ماری گئی کنکریاں شمار نہ ہوں گی)، اب اللہ تعالٰی کا شکر ادا کرتے ہوئے مکہ معظّمہ آجائیں، اللہ تعالٰی کے دربار میں حاضری کی عظیم الشان سعادت آپ کو حاصل ہوئی اور حج نصیب ہوا، ساری عمر کی یہ دیرینہ تمنا اس کے فضل و کرم سے بخیر و خوبی پوری ہوئی، اس کے بعد جب تک آپ اپنے وطن نہ جائیں، حرم شریف میں حاضر ہوں، نفلی طواف کریں، موقعہ کو غنیمت سمجھیں، جب اپنے گھر جائیں، تو طواف وداع کر کے رخصت ہوجائیں، طواف وداع حج کا آخری واجب ہے، اگر عورت کے ایام شروع ہوجائیں اور واپسی کا وقت آجائے تو ایسی عورت کے لئے طواف وداع کرنا ضروری نہیں۔

فہرست

مقاماتِ قبولیتِ دُعا

❶ میدان عرفات ❷ شب مزدلفہ ❸ مزدلفہ میں وقت فجر کے بعد ❹ رمی جمار کے بعد ❺ جب پہلی مرتبہ کعبہ پر نظر پڑے ❻ صفا ❼ مروہ پر ❽ سعی کرتے ہوئے ❾ میلین اخضرین کے درمیان۔

❿ مطاف ⓫ مقام ابراہیم ⓬ ملتزم ⓭ حطیم ⓮ میزاب رحمت کے نیچے ⓯ آب زم زم پی کر ⓰ بیت اللہ کے اندر ⓱ حجر اسود اور رکن یمانی کے درمیان اور ⓲ طواف وداع کے بعد۔

اللہ تعالیٰ سے دعا کریں کہ اللہ تعالیٰ آپ کی زیارت اور حج قبول کرے۔

اٰمِیْن یَا رَبَّ الْعَالَمِیْنَ بِحُرْمَةِ سَیِّدِ الْاَنْبِیَآءِ وَالْمُرْسَلِیْنَ صَلَّی اللّٰهُ تَعَالٰی عَلَیْهِ وَاٰلِهٖ وَسَلَّمَ

فہرست

احرام

عربی لغت میں احرام کے معنی بے حرمتی نہ کرنا یا اس کے معنی اپنے اوپر کسی چیز کا حرام کر لینا ہے، یعنی احرام کے شرعی معنی یہ ہوئے کہ کچھ چیزیں جو احرام سے پہلے حلال تھیں، مثلاً پہلے خوشبو لگانا وغیرہ جائز تھا، نیت اور تلبیہ کے ساتھ احرام باندھ لینے کے بعد ان چیزوں کو اپنے اوپر لازمی طور سے ممنوع اور حرام کر لینا۔

احرام کی نیت کرنے سے پہلے کے چند ضروری کام

احرام کی نیت کرنے سے پہلے ہر ایک سے چاہے رشتہ دار ہوں پڑوسی ہوں، گھر میں کام کرنے والی ماسیاں ہوں غرض یہ کہ جس سے بھی کسی قسم کی معاملہ داری ہے، اس سے معافی مانگیں

اور جہاں تک ہو سکے تلافی کی کوشش کریں، ہمارا اور آپ کا کام بس معافی مانگنا اور کمی کوتاہی کی حتی الامکان تلافی کی کوشش کرنا ہے۔

سفر شروع کرنے سے پہلے اپنی نیت کا جائزہ لیجئے اور صرف اللہ تعالیٰ کے حکم کو پورا کرنے اور اس کی رضا کے حصول اور آخرت کے ثواب کو اپنا مقصد بنائیں، اس کے علاوہ کوئی چیز آپ کے اس مبارک سفر کا سبب نہ ہو، اللہ کے یہاں وہی عمل مقبول ہوتا ہے، جو خالص اس کی رضا کیلئے کیا گیا ہو۔

اپنے چھوٹے بڑے گناہوں سے توبہ کرلیں، یاد رکھیں سچی توبہ کی تین شرطیں ہیں:

❶ اگر گناہ کے کام میں مبتلا ہے تو اسے، اسی وقت چھوڑ دے۔

❷ اب تک جو گناہ ہوئے ان پر ندامت ہو۔

فہرست

۳   اور آئندہ نہ کرنے کا پختہ عزم ہو۔

نوٹ: اگر حقوق العباد میں کمی کی ہے تو توبہ کی چوتھی شرط یہ ہے کہ اس کی تلافی کی جائے۔

مستحب ہے کہ احرام باندھنے کے لئے غسل سے پہلے اپنے دونوں ہاتھوں پیروں کے ناخن کاٹ لے، بغلا ور زیرِ ناف بال صاف کر لے اور صابن وغیرہ سے نہا لے، تا کہ اچھی طرح صفائی حاصل ہو جائے، غسل کرتے وقت یہ نیت کرے کہ یہ غسل احرام باندھنے کیلئے کر رہی ہوں، غسل یا وضو، احرام کے لئے شرط نہیں ہے اور نہ ہی واجباتِ احرام میں سے ہے، لیکن ان کو بغیر کسی عذر کے چھوڑ دینا مکروہ ہے، خواتین کے لئے احرام میں کوئی لباس مخصوص نہیں البتہ سادگی اختیار کرنا بہتر ہے۔

واجباتِ احرام

❶ میقات سے احرام کی نیت کرنا یعنی اس سے مؤخر نہ کرنا، احرام کی نیت گھر سے چلتے وقت بھی کر سکتے ہیں، یاد رہے کہ میقات سے احرام کے ساتھ گزرنا ہر حال میں واجب ہے، اور احرام کے بغیر میقات سے آگے نہیں بڑھ سکتے ہیں۔

❷ ممنوعاتِ احرام سے بچنا۔

چند اہم مسائل

مسئلہ: احرام کا غسل جس طرح پاک اور طاہرہ عورت کے لئے مستحب ہے، اسی طرح حائضہ کے لئے بھی مستحب ہے البتہ حائضہ کے لئے احرام کے دو نفل پڑھنا، مسجد میں داخل ہونا اور طواف کرنا جائز نہیں۔

مسئلہ: حائضہ عورت کے لئے بھی احرام کے بغیر میقات سے گزرنا

جائز نہیں۔

مسئلہ: اگر کسی عورت نے احرام باندھ لیا پھر ایام حیض شروع ہو گئے تو اس سے اس کا احرام فاسد نہیں ہوگا۔

مسئلہ: اگر حائضہ یہ سمجھ کر کہ حالت حیض میں احرام جائز اور درست نہیں، میقات سے بغیر احرام کے گزر جائے یا جان بوجھ کر یا بھول سے بغیر احرام باندھے میقات سے گزر جائے تو اس کے لئے ضروری ہے کہ اپنی اس غلطی پر اللہ تعالیٰ سے معافی مانگے تو بہ کرے اور واپس میقات پر جا کر حج یا عمرے کا احرام باندھے اور اگر واپس میقات تک نہ جا سکتی ہو تو دم دیدے۔

مسئلہ: حائضہ عورت میقات سے بغیر احرام کے گزر گئی اور بعد میں میقات پر جائے بغیر عمرہ کا احرام باندھ لیا لیکن ابھی طواف عمرہ شروع نہیں کیا تو اس کے لئے ضروری ہے کہ میقات پر واپس جا کر عمرہ کا تلبیہ پڑھے صرف تلبیہ پڑھنا کافی ہوگا نیا احرام

فہرست

باندھنے کی ضرورت نہیں اور اگر واپس میقات تک نہ جاسکتی ہو تو دم دینا ہوگا۔

مسئلہ: حائضہ عورت میقات سے بغیر احرام کے گزر گئی اور بعد میں میقات پر جائے بغیر حج کا احرام باندھ لیا لیکن ابھی طواف قدوم یا وقوف عرفات شروع نہیں کیا تو اس کے لئے ضروری ہے کہ میقات پر واپس جا کر عمرہ کا تلبیہ پڑھے صرف تلبیہ پڑھنا کافی ہوگا نیا احرام باندھنے کی ضرورت نہیں اور اگر واپس میقات تک نہ جاسکتی ہو تو دم دینا ہوگا۔

مسئلہ: حائضہ عورت میقات سے بغیر احرام کے گزر گئی اور بعد میں میقات پر جائے بغیر حج یا عمرہ کا احرام باندھ لیا اور طواف یا وقوف عرفات شروع کر دیا تو اس کے لئے ضروری ہے کہ اپنی اس غلطی پر اللہ تعالیٰ سے معافی مانگے توبہ کرے اور دم دیدے۔

فہرست

گھر سے روانگی

یادر کھئے احرام کسی مخصوص لباس کا نام نہیں بلکہ نیت کا نام ہے، احرام کی نیت کر کے انسان اپنے اوپر چند کاموں کو حرام کر لیتا ہے، جو عام حالات میں اس کے لئے حلال ہیں ،اس لئے ابھی نیت نہ کریں، خوب خشوع وخضوع کے ساتھ دو رکعت نفل احرام کے ادا کیجئے اور خوب عاجزی کے ساتھ اللہ سے اپنے لئے ، اپنے عزیز واقارب ،سعد عبدالرزاق اور اس کے گھر والوں کے لئے اور پوری امت مسلمہ کیلئے دعا مانگیں، جو عورتیں اس وقت ایام حیض یا نفاس کی وجہ سے نماز پڑھنے سے معذور ہو وہ صرف دعا مانگنے پر اکتفاء کریں اب گھر سے مسنون طریقے سے نکلیں، گھر سے نکلتے ہوئے دعا پڑھیں۔

بِسْمِ اللّٰہِ تَوَکَّلْتُ عَلَی اللّٰہِ وَلَا حَوْلَ وَلَا قُوَّۃَ اِلَّا بِاللّٰہِ

فہرست

ائیر پورٹ پہنچ کر جب جہاز کی پرواز یقینی ہو جائے، تو اب احرام کی نیت کر لیں اور اگر جہاز میں بیٹھنے کے بعد میقات گزرنے سے پہلے نیت کرنا چاہیں تو یہ بھی جائز ہے، البتہ بغیر احرام کی نیت کئے میقات سے گزر جانے کی صورت میں دم دینا ہوگا۔

نوٹ: جو عورتیں اپنے گھر سے براہ راست مدینہ منورہ جانے کی نیت سے روانہ ہوں وہ گھر سے نکلتے ہوئے احرام اور دیگر کام جو بیان ہوئے نہیں کریں گی البتہ جب مدینہ منورہ سے مکہ مکرمہ روانہ ہوں گی تو اوپر ذکر کئے گئے تمام کام کرنے ہوں گے۔

نیت

حج یا عمرہ کے احرام کی نیت کرنے سے پہلے عورتیں احرام کا مخصوص نقاب ڈھانپ لیں، یاد رکھئے......! احرام کی حالت میں بھی عورت کو چہرہ کھلا رکھنے کی اجازت نہیں اور ایسا نقاب

اوڑھنے کی بھی اجازت نہیں جو چہرے سے لگا ہوا ہو، اس لئے ایسے نقاب کا انتظام کیجئے، جو چہرے سے بھی نہ لگے اور بے پردگی بھی نہ ہو آج کل بازار میں ایسے نقاب بآسانی دستیاب ہوتے ہیں۔

اب اگر صرف عمرہ کیلئے جارہی ہیں یا آپ نے حج تمتع کرنا ہے، تو صرف عمرہ کی نیت کیجئے اگر عربی میں یاد ہو تو عربی میں، ورنہ جس زبان میں چاہیں عمرے کی نیت کرلیں عربی میں نیت کے الفاظ یہ ہیں:

اَللّٰهُمَّ اِنِّیْ اُرِیْدُ الْعُمْرَةَ فَیَسِّرْهَا لِیْ وَتَقَبَّلْهَا مِنِّیْ

اے اللہ میں آپکی رضا کیلئے عمرہ کا ارادہ کرتی ہوں آپ اسے میرے لئے آسان فرما دیجئے اور میری طرف سے قبول فرمالیں۔

اور اگر آپ نے حج قران کرنا ہے، تو حج اور عمرے دونوں کی ایک ہی احرام میں نیت کریں اور اگر حج افراد کرنا ہے تو

صرف حج کی نیت کریں۔

نیت کرنے کے بعد خواتین آہستہ آواز میں تلبیہ پڑھیں تلبیہ کے الفاظ یہ ہیں۔

لَبَّيْكَ اللّٰهُمَّ لَبَّيْكَ لَبَّيْكَ لَا شَرِيْكَ لَكَ لَبَّيْكَ اِنَّ الْحَمْدَ وَالنِّعْمَةَ لَكَ وَالْمُلْكَ لَا شَرِيْكَ لَكَ

تلبیہ پڑھنے کے بعد درود شریف پڑھیں اور دعا کریں اگر یاد ہو تو یہ دعا پڑھیں۔

اَللّٰهُمَّ اِنِّیْ اَسْئَلُكَ رِضَاكَ وَالْجَنَّةَ وَاَعُوْذُ بِكَ مِنْ غَضَبِكَ وَالنَّارَ

اے اللہ میں آپ کی رضا اور جنت مانگتی ہوں اور آپ کے غصے اور آگ سے آپ کی پناہ مانگتی ہوں۔

نوٹ: خاص طور سے خیال رہے کہ نیت اور تلبیہ کے بغیر احرام مکمل نہیں ہوتا۔

فہرست

سفر کے دوران تلبیہ کثرت سے پڑھیں، یہ آپ کے لئے سب سے افضل ذکر ہے اٹھتے، بیٹھتے، چلتے، پھرتے، ہر حالت میں تلبیہ پڑھتی رہیں، فضول گفتگو، اخبار ورسائل پڑھنے سے بچیں، کوشش کریں کہ موبائل کا استعمال کم از کم ہو اور بند ہی کردیں تو بہت ہی اچھی بات ہوگی اور اگر جہاز میں نماز کا وقت ہوجائے تو باوضو ہوکر قبلہ کی سمت معلوم کر کے قبلہ رخ کھڑے ہو کر نماز ادا کریں کسی کے منع کرنے پر نماز نہ چھوڑیں۔

یاد رکھئے......! جس طرح آپ کا یہ سفر ایک فرض کی ادائیگی کی نیتسے ہے، نماز بھی ایک اہم ترین فرض عبادت ہے، جس کا چھوڑنا کسی حالت میں بھی جائز نہیں۔

نیت اور تلبیہ کے بعد آپ احرام کی پابندیوں میں داخل ہوچکی ہیں، لہٰذا احرام کی ممنوعات سے بچیں۔

یادرکھئے......! ممنوعات چاہے آپ جان بوجھ کر کریں یا

بھول کر، سوتے ہوئے کریں یا جاگتے ہوئے، اپنی خوشی سے کریں یا زبردستی کوئی آپ کو مجبور کردے، ہر حال میں اس کا عوض اور بدلہ (قربانی، صدقہ یا روزہ) ادا کرنا ہوگا ممنوعات کی تفصیل آگے آرہی ہے۔

بیت اللہ پر پہلی نظر

جب بیت اللہ پر پہلی نظر پڑے تو تلبیہ پڑھنا بند کردیں اور تین مرتبہ اَللّٰہُ اَکْبَر اور تین مرتبہ لَا اِلٰہَ اِلَّا اللّٰہ کہیں، بہتر ہے راستہ سے ہٹ کر کھڑی ہوں تاکہ کسی کو تکلیف نہ پہنچے اور دعا مانگیں اگر یاد ہو تو اس دعا کا پڑھنا مستحب ہے۔

اَللّٰھُمَّ اَنْتَ السَّلَامُ وَمِنْكَ السَّلَامُ فَحَیِّنَا رَبَّنَا بِالسَّلَامِ اَللّٰھُمَّ زِدْ بَیْتَكَ ھٰذَا تَعْظِیْمًا وَّتَشْرِیْفًا وَّتَكْرِیْمًا وَمُھَابَةً وَّزِدْ مَنْ حَجَّهٗ اَوِاعْتَمَرَهٗ تَشْرِیْفًا وَّتَكْرِیْمًا وَّتَعْظِیْمًا وَّبِرًّا

فہرست

یا اللہ آپ ہی سلام ہیں اور آپ ہی کی طرف سے سلامتی ہے اے ہمارے پروردگار ہمیں سلامتی کے ساتھ زندہ رکھئے، یا اللہ اپنے اس گھر کی تعظیم وتکریم اور شرف وہیبت زیادہ کر دیجئے اور جو اس گھر کا حج کرے یا عمرہ کرے اسکی تعظیم وتکریم اور شرف اور ثواب کو بڑھا دیجئے۔

افعال عمرہ

فرائض عمرہ : عمرہ میں دو فرض ہیں۔

❶ احرام۔

❷ طواف۔

واجبات عمرہ: عمرہ کے دو واجب ہیں۔

❶ صفا مروہ کی سعی کرنا۔

❷ سر کے بال انگلی کے ایک پورے کے بقدر کٹوانا۔

طواف اور اقسام طواف

طواف سے مراد بیت اللہ کے چاروں طرف سات مرتبہ چکر لگانا ہے۔

طواف کی سات قسمیں ہیں:

❶ **طوافِ قدوم:** آفاقیہ (میقات سے باہر رہنے والی) جب پہلی مرتبہ احرام کی حالت میں آئے اور مسجدِ حرام میں داخل ہو تو جو طواف کرے گی، اسے طوافِ قدوم اور طوافِ تحیۃ کہتے ہیں، یہ اس آفاقیہ عورت کے لئے سنّت ہے جو صرف حج افراد یا حج قران کا احرام باندھ کر مکہ مکرمہ میں داخل ہو، تمتع اور عمرہ کرنے والی آفاقیہ عورت کے لئے سُنّت نہیں ہے۔

❷ **طوافِ زیارت:** اس کو طوافِ رکن، طوافِ حج، طوافِ فرض اور طوافِ افاضہ بھی کہتے ہیں، یہ حج کا رکن ہے، اس کے بغیر حج

فہرست

پورا نہیں ہوتا، اس کا وقت ۱۰ ذِی الحجہ کی صبح صادق سے شروع ہوتا ہے اور ۱۲ ذِی الحجہ کے سورج غروب ہونے تک کرنا واجب ہے، تاخیر کرنے سے دم واجب ہوتا ہے۔

❸ **طوافِ وداع:** اِسے طوافِ صدر بھی کہتے ہیں یہ آفاقیہ پر حج سے واپسی کے وقت کرنا واجب ہے، عمرہ سے واپس آنے والوں پر واجب نہیں۔

❹ **طوافِ عُمرہ:** یہ عمرہ میں رکن اور فرض ہے۔

❺ **طوافِ نذر:** یہ نذر ماننے والی پر واجب ہوتا ہے۔

❻ **طوافِ تحیّۃ:** یہ مسجدِ حرام میں داخل ہونے والی عورت کے لئے تَحِیَّۃُ الْمَسْجِد ہے، لیکن اگر کسی نے کوئی دوسرا طواف کرلیا تو اس کے قائم مقام ہوجائے گا۔

❼ **طوافِ نفل:** یہ جس وقت چاہے کیا جاسکتا ہے۔

واجبات، محرّمات اور مکروہاتِ طواف

واجباتِ طواف:

❶ طہارت یعنی حَدثِ اکبر اور حَدثِ اصغر دونوں سے پاک ہونا یعنی حیض و نفاس و جنابت سے پاک ہونا اور بے وضو نہ ہونا۔

❷ سترِ عورت ہونا یعنی جسم کا جو جو حصّہ چھپانا فرض ہے، اس کو چھپانا۔

❸ جو پیدل چلنے پر قادر ہو، اس کو پیدل طواف کرنا۔

❹ داہنی طرف سے طواف شروع کرنا، یعنی حجرِ اسود سے بیت اللہ کے دروازے کی طرف چلنا۔

❺ حطیم کو شامل کر کے طواف کرنا۔

❻ پورا طواف کرنا یعنی طواف کے سات چکر پورے کرنا۔

❼ ہر طواف کے بعد دو رکعت نماز پڑھنا۔

محرماتِ طواف:

یہ چیزیں طواف کرنے والے کے لئے حرام ہیں:

۱ حَدثِ اکبر یعنی جنابت یا حیض و نفاس کی حالت میں طواف کرنا حرام ہے اور حَدثِ اصغر یعنی بے وضو ہونے کی حالت میں طواف کرنا بھی حرام ہے۔

۲ اس قدر سترِ کھلا ہونے کی حالت میں طواف کرنا، جس قدر ستر کھلا ہونے سے نماز نہیں ہوتی یعنی چوتھائی عضو یا اس سے زیادہ۔

۳ بلا عذر سوار ہوکر یا کسی کے کندھے وغیرہ پر چڑھ کر، یا پیٹ یا گھٹنوں کے بَل چل کر یا الٹا ہوکر یا الٹی طرف سے طواف کرنا۔

۴ طواف کرتے ہوئے حطیم کے بیچ سے گزرنا۔

۵ طواف کا کوئی چکّر یا چکّر کا کچھ حصّہ ترک کردینا۔

فہرست

❻ حجر اسود کے علاوہ کسی اور جگہ سے طواف شروع کرنا۔

❼ بیت اللہ شریف کی طرف سینہ کر کے طواف کا کچھ حصّہ بھی ادا کرنا حرام ہے، لیکن جب حجر اسود کے سامنے پہنچے تو استلام کرنے کے لئے حجرِ اسود کی طرف منہ اور سینہ کرنا جائز ہے۔

❽ طواف میں جو چیزیں واجب ہیں ان میں سے کسی کو ترک کرنا۔

مکروہاتِ طواف:

❶ طواف کے دوران فضول، بے ضرورت اور بے فائدہ بات چیت کرنا (موبائل پر بات چیت بھی اسی میں داخل ہے)۔

❷ خرید وفروخت کرنا یا خرید وفروخت سے متعلق گفتگو کرنا۔

❸ ذکر یا دعا بلند آواز سے کرنا۔

❹ ناپاک کپڑوں میں طواف کرنا۔

❺ حجر اسود کا استلام نہ کرنا۔

فہرست

۶ حجر اسود کے بالمقابل آئے بغیر ہاتھ اٹھانا۔

۷ طواف کے چکروں میں زیادہ فاصلہ کرنا یعنی وقفہ کرنا، یا کسی دوسرے کام میں مشغول ہونا۔

۸ طواف کرتے ہوئے ارکان بیت اللہ پر، یا کسی اور جگہ دعا کے لئے کھڑے ہونا۔

۹ دورانِ طواف کھانا کھانا۔

۱۰ دو یا زیادہ طوافوں کو اکٹھا کرنا اور ان کے بیچ میں طواف کی دو رکعت نہ پڑھنا۔

۱۱ خطبہ کے وقت طواف کرنا۔

۱۲ فرض نماز کی تکبیر واقامت ہونے کے وقت طواف شروع کرنا۔

۱۳ دونوں ہاتھ طواف کی نیّت کے وقت تکبیر پڑھے بغیر اٹھانا۔

فہرست

۱۴ طواف کی حالت میں دعا کے لئے ہاتھ اٹھانا یا نماز کی طرح ہاتھ باندھنا۔

۱۵ پیشاب، پائخانہ کے تقاضے یا ریح کے غلبہ کے وقت طواف کرنا۔

۱۶ بھوک یا غصہ کی حالت میں طواف کرنا۔

۱۷ بلا عذر جُوتا پہن کر طواف کرنا۔

۱۸ حجرِ اسود اور رکنِ یمانی کے علاوہ کسی اور جگہ استلام کرنا۔

چند ضروری مسائل

مسئلہ: اگر کسی عورت کو عمرہ کا احرام باندھنے کے بعد حیض کے ایام شروع ہوگئے اور اس کو عمرہ کا طواف کرنے کا موقع نہیں ملا تو اس پر واجب ہے کہ حیض ختم ہونے کا انتظار کرے، جب حیض ختم ہوجائے تو غسل کر کے عمرہ ادا کرے۔

مسئلہ: اگر کسی عورت کو عمرہ کا احرام باندھنے کے بعد حیض کے ایام شروع ہو گئے اور اس کو عمرہ کا طواف کرنے کا موقع نہیں ملا اور وہ اپنی کم علمی کی بناء پر یہ سمجھی کہ حیض آنے کی وجہ سے عمرہ کا احرام فاسد ہو گیا اس وجہ سے اس نے حیض ختم ہونے کے بعد نیا احرام باندھ لیا تو اس کا یہ عمل ناجائز ہے اللہ تعالیٰ سے توبہ و استغفار کرے، فی الحال ایک عمرہ ادا کر کے حلال ہو جائے پھر دوسرا احرام جو اس نے ترک کیا تھا اس کی وجہ سے واجب ہونے والے عمرہ کی قضا کرے اور دو دم دے دے۔

مسئلہ: اگر کسی عورت کو عمرہ کا احرام باندھنے کے بعد حیض کے ایام شروع ہو گئے اور اس کو عمرہ کا طواف کرنے کا موقع نہیں ملا یہاں تک کہ مدینہ منورہ جانا پڑا تو یہ عورت مدینہ منورہ میں بھی حالت احرام ہی میں رہے گی اور مدینہ منورہ سے واپسی پر نیا احرام نہیں باندھے گی اور پرانے احرام ہی میں عمرہ ادا کرے گی۔

فہرست

اگر اس عورت نے مدینہ منورہ سے واپسی پر نئے احرام کی نیت کر لی تو اس نے ایک ناجائز عمل کا ارتکاب کیا اس صورت میں وہ اللہ تعالیٰ سے توبہ و استغفار کرے ، فی الحال ایک عمرہ ادا کرکے حلال ہو جائے پھر دوسرا احرام جو اس نے ترک کیا تھا اس کی وجہ سے واجب ہونے والے عمرہ کی قضا کرے اور دو دم دے دے۔

مسئلہ: اگر کسی عورت کو عمرہ کا طواف کرنے کے بعد حیض کے ایام شروع ہو گئے تو حیض کی حالت ہی میں سعی کرلے کیونکہ سعی کے لئے پاک ہونا ضروری نہیں۔

مسئلہ: اگر کسی عورت کو عمرہ کا طواف کرنے کے بعد حیض کے ایام شروع ہو گئے اور وہ اپنی کم علمی کی بناء پر یہ سمجھی کہ حالت حیض میں سعی کرنا جائز نہیں اس لئے وہ سعی کئے بغیر جدہ یا مدینہ منورہ چلی گئی تو اس کا احرام ابھی تک باقی ہے اسی احرام کے ساتھ مکہ مکرمہ

فہرست

واپس آکر عمرہ کے بقیہ افعال ادا کرے اور احرام سے حلال ہوجائے، اگر مذکورہ عورت نے پہلے عمرہ کے افعال ادا کئے بغیر نیا احرام باندھ لیا تو اس کے لئے ضروری ہے کہ پہلے پچھلے عمرہ کے افعال ادا کر کے حلال ہو اور پھر عمرہ کی قضا کرے اور دو دم دے دے۔

مسئلہ: اگر کوئی عورت عمرہ کا احرام باندھ کر مکہ مکرمہ پہنچ گئی، لیکن حیض کی وجہ سے ۹ ذی الحجہ یعنی یوم عرفہ تک عمرہ کرنے کا موقع نہیں ملا تو ایسی عورت عمرہ کا احرام کھول کر حلال ہوجائے اور اس کا طریقہ یہ کہ کوئی بھی ایسا عمل کرلے جو احرام کی وجہ سے کرنا منع ہے، مثلاً عمرہ کا احرام ختم کرنے کی نیت سے خوشبو لگالے، عمرہ کا احرام ختم کرنے کے بعد حج کا احرام باندھ لے اور حج پورا ہونے کے بعد عمرہ کا احرام مسجد عائشہ سے باندھ کر اس پہلے والے عمرہ کی قضا کرلے اور ایک دم دے دے۔

فہرست

نوٹ: واضح رہے کہ مذکورہ بالاصورت میں اس عورت کا حج، حج افراد کہلائے گا جس میں قربانی یعنی دم شکر دینا ضروری نہیں البتہ عمرہ کا احرام توڑنے کی وجہ سے دم جبر دینا ہوگا۔

طواف شروع کرنے سے پہلے

طواف کیلئے مطاف (طواف کی جگہ) میں آئیں، حجر اسود کی طرف چلیں، حجر اسود کی سیدھ کے قریب پہنچ کر بیت اللہ کی طرف چہرہ کر لیں حجر اسود کی سیدھ کے بائیں طرف کھڑی ہوکر (اس طرح کہ حجر اسود دائیں جانب ہو) عمرہ کے طواف کی نیت کریں۔

اے اللہ میں آپ کی رضا کیلئے عمرہ کا طواف کرتی ہوں آپ اسے میرے لئے آسان کر دیجئے اور قبول فرما لیجئے۔ (زبان سے کہنا ضروری نہیں دل میں ارادہ اور نیت کر لینا بھی کافی

فہرست

ہے)

اب حجر اسود کی سیدھ میں کھڑی ہوں اور دونوں ہاتھ تکبیر تحریمہ (نماز کی پہلی تکبیر) کی طرح اٹھائیں اس طرح کہ ہتھیلیوں کا رخ حجر اسود کی طرف ہو اور

بِسْمِ اللّٰهِ اَللّٰهُ اَكْبَرُ وَلِلّٰهِ الْحَمْدُ
وَالصَّلٰوةُ وَالسَّلَامُ عَلٰى رَسُوْلِ اللّٰهِ

کہیں پھر دونوں ہاتھ نیچے گرا دیں یہ حجر اسود کا استقبال ہے، پھر حجر اسود کو بوسہ دیں، یا ہاتھ یا لکڑی وغیرہ سے حجر اسود کو چھو کر ہاتھ یا لکڑی کو بوسہ دیں، بشرطیکہ حجر اسود پر خوشبو نہ لگی ہوئی ہو اور ایسا کرنے سے کسی کو تکلیف نہ ہوتی ہو، چونکہ آج کل عموماً حجر اسود پر خوشبو لگی ہوئی ہوتی ہے اس لئے حالت احرام میں بوسہ نہ دے صرف اشارہ کریں، جس کا طریقہ یہ ہے کہ دونوں ہاتھوں کی ہتھیلیوں کا رخ حجر اسود کی طرف کریں گویا ہتھیلیاں حجر اسود پر

رکھ رہے ہیں پھر

بِسْمِ اللّٰہِ اَللّٰہُ اَکْبَرُ وَلِلّٰہِ الْحَمْدُ

وَالصَّلٰوۃُ وَالسَّلَامُ عَلٰی رَسُوْلِ اللّٰہِ

پڑھیں اور ہتھیلیوں کی اندرونی جانب کو چوم لیں۔

طواف

حجر اسود کی سیدھ میں کھڑی ہو کر حجر اسود کا استلام کرنے کے بعد اسی حالت پر مڑ جائیں کہ قدم اپنی جگہ سے نہ ہٹیں اور طواف کرنا شروع کر دیں، اس بات کا ضرور خیال رکھیں کہ آپ کے کسی فعل سے کسی کو تکلیف نہ پہنچے، دوران طواف نگاہ سامنے رکھیں، طواف کے دوران بیت اللہ کو دیکھنا بے ادبی ہے، بیت اللہ کی طرف سینہ اور پشت نہ کریں، دعا کرتی رہیں اور ذکر کرتی رہیں، طواف میں حطیم کو جو درحقیقت کعبہ شریف کا حصہ ہے، ضرور شامل کریں ورنہ طواف ادھورا رہ جائے گا۔

فہرست

ایک بات قابل توجہ ہے، وہ یہ کہ طواف کے وقت ہجوم میں جبکہ اپنے آپ کو سنبھالنا مشکل ہوتا ہے، مسلسل کتاب یا قرآن شریف کو ہاتھ میں رکھنا اور نگاہ کتاب پر جما کر، طواف کی دعائیں پڑھنا فرض کے برابر سمجھا جاتا ہے، چاہے کسی سے ٹکراتے جائیں، ٹھوکریں کھاتے جائیں اور چاہے کتاب وغیرہ گر کر قدموں میں کچل جائے (اور ایسا عموماً ہوتا ہے) اور اسی کو عبادت سمجھا جائے، یاد رکھئے جو دعائیں عام طور پر طواف کے دوران پڑھی جاتی ہیں، ان میں سے کوئی خاص دعا حضور صلی اللہ علیہ وسلم سے منقول نہیں، اس لئے جو دعا یاد ہو اس کے ذریعے اللہ سے مانگیں، یا ذکر کریں، البتہ رکن یمانی (بیت اللہ کا وہ کونا جو حجر اسود سے پہلے ہے) سے حجر اسود کے درمیان یہ دعا پڑھنا آپ صلی اللہ علیہ وسلم سے ثابت ہے۔

فہرست

رَبَّنَا اٰتِنَا فِي الدُّنْيَا حَسَنَةً وَّفِي الْاٰخِرَةِ حَسَنَةً وَّقِنَا عَذَابَ النَّارِ

پھر حجر اسود کی سیدھ میں پہنچیں اور حجر اسود کا استلام کریں، اس طرح طواف کا ایک چکر پورا ہوا، اسی طرح سات چکر پورے کریں، ہر چکر کے بعد جب حجر اسود کی سیدھ میں پہنچیں تو استلام کریں، سات چکر پورے ہونے کے بعد آٹھویں مرتبہ حجر اسود کا استلام کریں، آپ کا طواف پورا ہو گیا۔

نوٹ: یہ بات یاد رہے کہ طواف کے لئے باوضو رہنا اور پاک ہونا شرط ہے بغیر وضو کے اور ناپاکی کی حالت میں طواف نہیں ہوتا۔

ملتزم پر دعا

آٹھویں مرتبہ حجر اسود کا استلام کر کے اب ملتزم پر آئیں اور یہاں آ کر خوب دعا کریں یہاں دعا قبول ہوتی ہے، لیکن ایک بات کا خیال رکھئے کہ چونکہ ملتزم پر خوشبو لگی ہوئی ہوتی ہے،

اس لئے احرام کی حالت میں ملتزم سے نہ چمٹیں بلکہ صرف وہاں کھڑی ہوکر دعا مانگ لیں۔

ہجوم کے زمانے میں جب مردوں کے لئے بھی ملتزم پر جانا مشکل ہوتا ہے اس وقت عورتوں کا مردوں کے ہجوم میں گھسنا شرعاً بالکل بھی ٹھیک نہیں ہجوم کی صورت میں ملتزم کے سامنے دور ہی سے کھڑے ہوکر دعا مانگ لی جائے جہاں مردوں سے اختلاط نہ ہوتا ہو۔

ایک ضروری وضاحت: عام طور پر لوگ کعبہ شریف کے دروازے کوملتزم سمجھتے ہیں اور اسی سے چمٹے رہتے ہیں، جبکہ ملتزم پر جگہ خالی ہوتی ہے، درحقیقت ملتزم حجر اسود اور کعبہ شریف کے دروازے کی درمیانی دیوار کا نام ہے۔

طواف کی دو رکعت

اب مقام ابراہیم پر آیئے اور مقام ابراہیم کے پیچھے دو رکعت نماز واجب الطواف ادا کیجئے اگر وہاں جگہ نہ ملے تو مسجد

فہرست

حرام میں کہیں بھی یہ دو رکعت ادا کی جا سکتی ہیں، مقام ابراہیمؑ کے پیچھے ہی ان دو رکعت کی ادائیگی کو ضروری سمجھنا اور اس وجہ سے لوگوں کی تکلیف کا سبب بننا، انتہائی ناپسندیدہ عمل ہے اور اس بات کا ضرور خیال رکھیں کہ یہ وقت وقت مکروہ نہ ہوا گر مکروہ وقت میں یہ دو رکعت پڑھ لیں تو گناہ بھی ہوگا اور دوبارہ پڑھنا بھی واجب ہوگا اس لئے مکروہ وقت گزرنے کا انتظار کریں۔

مسئلہ: اگر نماز فجر یا نماز عصر کے بعد طواف کیا تو دو رکعت ابھی نہ پڑھیں، اگر چاہیں تو عمرہ کے باقی افعال ادا کر کے احرام سے حلال ہو جائیں اور پھر جب وقت مکروہ ختم ہو جائے تو یہ دو رکعت ادا کر لیں۔

نوٹ: واضح رہے کہ دو رکعت کا پڑھنا ہر طواف کے بعد واجب ہے، چاہے طواف نفل ہی کیوں نہ ہو۔

فہرست

آب زم زم

طواف کی نماز سے فارغ ہو کر زم زم کے کنوئیں پر جانا اور آب زم زم پینا مستحب ہے لیکن چونکہ اب زم زم کے کنویں پر جانے کی قانونی اور انتظامی اعتبار سے اجازت نہیں ہے اس لئے پورے حرم شریف میں کولر رکھ دیئے گئے ہیں وہاں آیئے اور قبلہ رخ کھڑی ہو کر یا بیٹھ کر خوب آب زم زم پئیں، شروع میں بِسۡمِ اللّٰہِ اور آخر میں اَلۡحَمۡدُ لِلّٰہِ پڑھیں اور یہ دعا مانگیں:

اَللّٰھُمَّ اِنِّیۡ اَسۡئَلُکَ عِلۡمًا نَّافِعًا وَّرِزۡقًا وَّاسِعًا وَّشِفَاءً مِّنۡ کُلِّ دَاءٍ

اے اللہ میں آپ سے علم نافع اور رزق واسع اور ہر بیماری سے شفاء کامل کا سوال کرتی ہوں۔

یاد رکھیئے......! زم زم کا پانی جس نیت سے پئیں گی وہ پوری کی جائے گی اور زم زم پیتے ہوئے دعائیں قبول کی جاتی

فہرست

ہیں۔

اب سعی کیلئے صفا پر جانے سے پہلے حجر اسود کی سیدھ میں آنا اور حجر اسود کا نواں استلام کرنا مستحب ہے لیکن اگر بھیڑ کی وجہ سے ممکن نہ ہو تو ایسا کرنا ضروری نہیں، پھر سعی کیلئے صفا کی جانب جائیں، باب الصفا سے جانا مستحب ہے، صفا پر اتنا چڑھیں کہ بیت اللہ نظر آنے لگے، پھر سعی کی نیت کریں۔

سعی اور احکامِ سعی

سعی کے لفظی معنی چلنے اور دوڑنے کے ہیں اور شرعاً صفا اور مروہ کے درمیان مخصوص طریقہ پر سات ۷ چکر لگانے کو سعی کہتے ہیں۔

واجباتِ سعی

❶ سعی کا ایسے طواف کے بعد ہونا جو جنابت و حیض و نفاس

فہرست

(حدثِ اکبر) سے پاک ہو۔

❷ سعی کے سات ۷ چکر پورے کرنا (سعی کے پہلے چار چکر فرض ہیں اور بعد کے تین چکر واجب ہیں)۔

❸ اگر کوئی عذر نہ ہو تو سعی میں پیدل چلنا۔

❹ عمرہ کی سعی کا احرام کی حالت میں ہونا۔

❺ صفا اور مروہ کے درمیان کا پورا فاصلہ طے کرنا

❻ ترتیب یعنی صفا سے شروع اور مروہ پر ختم کرنا۔

مکروہاتِ سعی

❶ سعی کرتے وقت اس طرح خرید و فروخت یا بات چیت کرنا، جس سے توجہ ہٹ جائے یا اذکار اور دعائیں پڑھنے سے مانع ہو یا تسلسل ترک ہو جائے (موبائل پر بات چیت بھی اسی میں داخل ہے)۔

❷ صفا اور مروہ کے اوپر نہ چڑھنا۔

فہرست

۳ سعی میں بلا عذر تاخیر کرنا۔

۴ سترِ عورت ترک کرنا یعنی جسم کا جو جو حصہ چھپانا فرض ہے اس کو نہ چھپانا۔

۵ سعی میں میلین (سبز ستونوں) کے درمیان مردوں کی طرح دوڑنا یا تیزی سے چلنا۔

۶ سعی کے پھیروں میں بلا عذر زیادہ فاصلہ کرنا، کیونکہ یہ موالات (پے درپے) ہونے کے خلاف ہے۔ اور موالات سنت ہے۔

نوٹ: طواف اور سعی میں موالات (اتصال، پے در پے) ہونا یعنی طواف سے فارغ ہوکر فوراً اِہی سعی کے لئے نکلنا، سنت ہے۔

سعی

سعی کیلئے صفا کی جانب جائیں، باب الصفا سے جانا مستحب ہے صفا پر اتنا چڑھیں کہ بیت اللہ نظر آنے لگے، پھر سعی کی نیت کریں۔

اے اللہ ......! میں آپ کی رضا کیلئے صفا مروہ کے درمیان سعی (سات چکر) کرتی ہوں آپ اسے میرے لئے آسان کردیں اور میری طرف سے قبول فرمالیجئے، پھر قبلہ رخ ہو کر تین مرتبہ اَللّٰہُ اَکْبَرُ کہیں اور تین مرتبہ لَآاِلٰہَ اِلَّا اللّٰہ اور تین مرتبہ اگر یاد ہو تو اس طرح دعا مانگیں۔

لَآاِلٰهَ اِلَّا اللّٰهُ وَحْدَهٗ لَاشَرِيْكَ لَهٗ. لَهُ الْمُلْكُ وَلَهُ الْحَمْدُ يُحْيِي وَيُمِيْتُ وَهُوَ عَلٰى كُلِّ شَيْءٍ قَدِيْرٌ لَآاِلٰهَ اِلَّا اللّٰهُ وَحْدَهٗ اَنْجَزَوَعْدَهٗ وَنَصَرَ عَبْدَهٗ وَهَزَمَ الْاَحْزَابَ وَحْدَهٗ

فہرست

اللہ کے سوا کوئی معبود نہیں وہ تنہا ہے اس کا کوئی شریک نہیں، اسی کیلئے ملک ہے اور اسی کیلئے حمد ہے، وہ زندہ کرتا ہے اور موت دیتا ہے اور وہ ہر چیز پر قادر ہے، اللہ کے سوا کوئی معبود نہیں، وہ تنہا ہے، اس نے اپنا وعدہ پورا فرمایا اور اپنے بندے کی مدد فرمائی اور صرف تنہا اسی نے دشمنوں کی جماعت کو شکست دی۔

اس کے بعد درودشریف پڑھیں اور دعا کریں، پھر ذکر کرتے ہوئے مروہ کی طرف چلیں، جب سبز ستون نظر آئیں تو مردوں کی طرح دوڑ نہ لگائیں بلکہ معمول کے مطابق عام رفتار سے ہی چلتی رہیں، ان ستونوں کو میلین اخضرین کہتے ہیں۔

ان کے درمیان اگر یاد ہو تو یہ دعا پڑھیں

رَبِّ اغْفِرْ وَارْحَمْ وَتَجَاوَزْ عَمَّا تَعْلَمُ اِنَّكَ اَنْتَ الْاَعَزُّ الْاَكْرَمُ

فہرست

پھر جب مروہ پہنچیں تو قبلہ رخ ہو کر اَللہُ اَکْبَر کہیں اور دعا مانگیں،جس طرح صفا پر مانگی تھی،صفا سے مروہ تک یہ ایک چکر ہو گیا پھر مروہ سے صفا کی طرف چلیں درمیان میں وہی اعمال کریں جو صفا سے مروہ تک کئے تھے،جب صفا پر پہنچیں،تو دوسرا چکر ہو گیا، اسی طرح سات چکر مکمل کریں،ساتواں چکر مروہ پر پورا ہوگا۔

قصر یعنی بال کٹوانا

خواتین کیلئے سر کے سارے بالوں کو انگلی کے ایک پورے کے برابر کتروانا سنت ہے اور کم از کم چوتھائی بالوں کو ایک پورے کے برابر کتروانا واجب ہے۔

اپنے سر اور پیشانی کے بالوں کو اپنے آقا کے سپرد کر دیں جیسے غلاموں اور کنیزوں کے بال غلامی کے ثبوت میں کاٹ دیئے جاتے ہیں کہ ''اے میرے مولیٰ......! یہ لیجئے

میرے پیشانی کے بالوں کو پکڑ کر مجھے اپنا بنا لیجئے اور مجھے توفیق بندگی عطا فرما دیجئے۔"

قصر کروانے کے بعد آپ کا عمرہ مکمل ہو گیا، اب آپ احرام سے حلال ہو چکی ہیں، احرام کی پابندیاں ختم ہو چکی ہیں، اب آپ غسل کیجئے، خوشبو لگائیے، عمدہ لباس (شریعت کے مطابق) زیب تن کیجئے۔

مسئلہ: اگر حج یا عمرے کے تمام افعال سوائے بال کٹوانے کے ادا کر لئے ہیں تو حج اور عمرہ کرنے والی عورت خود اپنے بال بھی کاٹ سکتی ہے اور دوسروں کے بال بھی کاٹ سکتی ہے، اور اگر افعال پورے نہیں ہوئے تو نہ اپنے بال کاٹ سکتی ہے نہ ہی دوسروں کے۔

فہرست

عمرہ کے بعد مکہ مکرمہ میں دوران قیام کیئے جانے والے اعمال

مبارک ہو کہ آپ کا عمرہ بحسن وخوبی مکمل ہو چکا ہے، اب آپ کا قیام مکہ مکرمہ میں ہے، ان اوقات کو غنیمت سمجھئے اور خوب عبادات، طواف، ذکر واذکار اور دین سیکھنے اور سکھانے میں اپنے اوقات کو صرف کیجئے، طواف کرنا سب سے افضل ہے، خوب طواف کیجئے اور اس کا ثواب اپنے عزیز واقارب چاہے زندہ ہوں یا انتقال ہو چکا ہو پہنچائیں، ہم سب پر سب سے زیادہ حقوق حضور صلی اللہ علیہ وسلم کے ہیں، آپ صلی اللہ علیہ وسلم کی طرف سے بھی طواف کیجئے۔

اگر دوبارہ عمرہ کرنا چاہیں، تو تنعیم (مسجد عائشہ) یا جعرانہ جا کر احرام باندھیں اور افعال عمرہ کو اسی ترتیب سے ادا کریں جو بیان کی گئی، لیکن صرف طواف کرتے رہنا افضل ہے، بازار جانے

اورلغویات میں لگنے سے اپنے آپ کو بچایئے۔

حرمین شریفین سے متعلق چند ضروری مسائل

مسئلہ: حنفی فقہ کے مطابق عصر کی نماز کے بعد نفل نماز مکروہ ہے، لہٰذا حرمین شریفین میں عصر کے بعد طواف ، ذکرودعا، درود شریف میں مشغول رہیں، اگر طواف کریں تو طواف کی دو رکعت مغرب کے بعد ادا کریں۔

مسئلہ: فجر کی سنتوں کا وقت فجر کے فرائض سے پہلے ہے ، اگر خدانخواستہ کسی کی فجر کی سنتیں چھوٹ جائیں،تو پھر انہیں فرائض کے فوراً بعد ادا نہ کریں، بلکہ سورج طلوع ہوجانے کے بعد جب اشراق کا وقت شروع ہوجائے، اس وقت ادا کریں۔

مسئلہ: حرمین شریفین کے بعض مقامات پر سلفی علماء کے بیانات ہوتے ہیں اور وہ حضرات اپنے مسلک کے مطابق مسائل بیان کرتے ہیں، جو اکثر حنفی مسلک سے مطابقت نہیں رکھتے، اس

فہرست

لئے ان علماء کے بیانات سننے کی بجائے حنفی علماء سے استفادہ کیا جائے۔

مسئلہ: عام حالات میں عورتوں کیلئے نماز جنازہ نہیں ہے،لیکن حرمین شریفین میں حاضری کے موقعہ پر اگر نماز جنازہ شروع ہوجائے،تو عورتیں شریک ہوسکتی ہیں،اس لئے عورتیں نماز جنازہ کا طریقہ اچھی طرح سمجھ لیں،نماز جنازہ کا طریقہ کتاب کے آخر میں بیان کیا جارہا ہے۔

مسئلہ: بیت اللہ شریف کی طرف پاؤں کرنا،اس کی طرف تھوکنا،قرآن شریف پر ٹیک لگانا،اسے زمین پر رکھنا،اس کا تکیہ بنانا بڑی بے ادبی اور گناہ کی بات ہے،ان سب باتوں سے بچنا ضروری ہے۔

مسئلہ: حنفی فقہ میں سورج غروب ہونے کے بعد مغرب کی نماز شروع ہونے سے پہلے کوئی نفل نماز نہیں ہے۔

فہرست

مسئلہ: عورتوں کیلئے حرمین شریفین جا کر مسجد میں نماز پڑھنا بھی جائز ہے، لیکن افضل یہی ہے کہ عورتیں گھر میں نماز پڑھیں۔

مسئلہ: مکہ مکرمہ اور مدینہ منورہ کے بازاروں میں، جو گوشت فروخت ہوتا ہے:

❶ اگر وہ تازہ ہے، اور وہیں ذبح کیا گیا ہے، تو اس کا استعمال جائز ہے۔

❷ یا وہ تازہ تو نہیں، لیکن کسی اسلامی ملک سے درآمد کیا گیا ہے تو اس کا استعمال بھی جائز ہے۔

❸ یا اس کے جائز ہونے کی تصدیق کسی مستند مسلمان جماعت نے کر دی ہے تو ایسے گوشت کا استعمال بھی جائز ہے اور اگر کسی گوشت کے بارے میں یہ سب معلومات نہیں تو اس کا استعمال بھی جائز نہیں۔

فہرست

مسائل احرام

مسئلہ: احرام کی حالت میں اگر احتلام ہو جائے تو اس سے احرام میں کوئی فرق نہیں پڑتا، کپڑے اور جسم میں جہاں ناپاکی لگی ہے اسے دھو کر غسل کر لیں، اگر کپڑے بدلنے کی ضرورت ہو تو کپڑے بدل لیں، لیکن اس بات کا خیال رکھیں کہ غسل کرتے ہوئے اور کپڑوں کو دھوتے ہوئے خوشبودار صابن استعمال نہ کریں۔

مسئلہ: احرام کی حالت میں عورت کے لئے موزہ پہننا، دستانہ پہننا جائز ہے۔

مسئلہ: احرام کی حالت میں عورت کو اپنے چہرے کو اس طرح ڈھانکنا منع ہے کہ کپڑا چہرے کو مس کرے، نہ تمام چہرے کو ڈھانکے نہ اس کے بعض حصہ کو، البتہ نامحرم سے پردہ کرنا ضروری ہے۔

فہرست

مسئلہ: احرام کی حالت میں کپڑے وغیرہ سے منہ پونچھنا جائز نہیں ہے ۔کیونکہ اس سے چہرے کو کپڑا لگتا ہے، ایسی صورت میں چہرے پر کپڑا، گھنٹہ بھر سے کم لگا تو ایک مٹھی گیہوں یا اس کی قیمت کی رقم خیرات کرنا واجب ہے، ہاں ہاتھ سے چہرہ پونچھنا جائز ہے۔

مسئلہ: عورت کو چہرے کے علاوہ جسم کے باقی حصہ کو کپڑے سے پونچھنا جائز ہے۔

مسئلہ: احرام کی حالت میں خوشبو استعمال کرنا، سر میں مہندی لگانا، ناخن کاٹنا، بدن کے کسی حصہ سے بال دور کرنا منع ہے۔

مسئلہ: احرام کی حالت میں اپنے سر یا بدن اور کپڑوں سے جوں مارنا یا جدا کر کے پھینک دینا منع ہے، لیکن موذی جانور کا مارنا مثلاً: سانپ، بچھو، کھٹمل، بھڑ وغیرہ مارنا جائز ہے۔

مسئلہ: احرام کی حالت میں جماع کا تذکرہ اور جماع کے اسباب،

جیسے بوسہ لینا یا شہوت سے چھونا منع ہے۔

مسئلہ: یوں تو کوئی بھی گناہ بغیر احرام کے بھی جائز نہیں، لیکن احرام کی حالت میں کوئی گناہ کا کام کرنا خاص طور سے منع ہے، ساتھیوں کے ساتھ لڑائی جھگڑا کرنا بھی منع ہے۔

مسئلہ: احرام کی حالت میں کمبل، لحاف، رضائی وغیرہ اوڑھنا جائز ہے، لیکن خیال رہے کہ منہ نہ ڈھکا جائے، باقی تمام بدن اور پیروں کو بھی ڈھانکنا جائز ہے۔

مسئلہ: احرام کی حالت میں اپنا یا کسی دوسرے کا ہاتھ کپڑے کے بغیر اپنے سر یا ناک پر رکھنا اپنے سر پر دیگ، چارپائی وغیرہ اٹھانا جائز ہے۔

مسئلہ: احرام کی حالت میں اوندھا لیٹ کر تکیہ پر منہ یا پیشانی رکھنا مکروہ ہے، سر یا رُخسار کو تکیہ پر رکھنا جائز ہے۔

مسئلہ: احرام کی حالت میں سر میں کنگھی کرنا، یا سر کو اس طرح

کھجانا کہ بال گرنے کا خوف ہو، مکروہ ہے۔

مسئلہ: احرام کی حالت میں بدن سے میل کچیل دُور کرنا اور بکھرے ہوئے بالوں کو سنوارنا مکروہ ہے۔

مسئلہ: احرام کی حالت میں آئینہ دیکھنا جائز ہے۔

مسئلہ: احرام کی حالت میں دانت اکھڑوانا جائز ہے۔

مسئلہ: احرام کی حالت میں بھی مسواک کرنا سنت ہے، خوشبودار منجن، ٹوتھ پیسٹ، ٹوتھ پاؤڈر کا استعمال کرنا منع ہے۔

مسئلہ: احرام کی حالت میں گلے میں پھولوں کا ہار ڈالنا مکروہ ہے، خوشبودار پھل یا پھول جان بوجھ کر سونگھنا بھی منع ہے۔

مسئلہ: احرام کی حالت میں خوشبودار صابن کے ایک بار استعمال سے صدقہ اور بار بار استعمال سے دم واجب ہوجاتا ہے۔

مسئلہ: احرام کی حالت میں غلاف کعبہ کے نیچے اس طرح داخل ہونا کہ چہرہ یا اس کا کچھ حصہ غلاف سے چھپ جائے، مکروہ ہے،

لیکن اگر کعبہ کے پردہ کے نیچے داخل ہو جائے، یہاں تلکہ پردہ اس کو ڈھانپ لے، لیکن کعبہ کا پردہ اس کے چہرے کو نہ لگے تو مضائقہ نہیں ہے۔

مسئلہ: احرام کی نیت سے پہلے دو رکعت نفل نہ پڑھنا مکروہ ہے، لیکن اگر کسی نے نفل نہیں پڑھے، تو کوئی جنایت لازم نہیں آئے گی۔

مسئلہ: مستحب ہے کہ نیت احرام سے پہلے بدن کو خوشبو لگائے لیکن ایسی خوشبو نہ لگائے، جس کا جسم (نشان) احرام کے بعد بھی باقی رہے۔

مسئلہ: بعض ہوائی جہاز والے ہاتھ منہ پونچھ کر تر و تازہ ہونے کے لئے خوشبودار ٹشو پیپر (رومال) دیتے ہیں، خیال رہے کہ احرام کی حالت میں اس طرح کے خوشبودار کپڑے سے پورا منہ یا پورا ہاتھ پونچا جائے تو جزاء لازم ہوگی۔

فہرست

مسئلہ: احرام باندھنے کے موقع پر احرام کی نیت کرنے سے پہلے اگر مکروہ وقت نہ ہو تو دو رکعت نماز احرام کی نیت سے پڑھے، احرام کی نیت سے پہلے دو رکعت نماز ادا کرنا احرام کی سنت ہے۔ پہلی رکعت میں سورۃ الفاتحۃ کے بعد سورۃ الکافرون اور دوسری رکعت میں سورۃ الاخلاص پڑھنا مستحب ہے۔

مسئلہ: احرام کی حالت میں زخم یا تکلیف کی وجہ سے پٹی باندھنا جائز ہے۔

جنایات

جنایات سے مراد ہر ایسا کام جو احرام یا حرم کی وجہ سے منع ہو اس کا ارتکاب کرنا، چاہے جان بوجھ کر کرے یا بھول کر۔

جنایات دو ۲ قسم کی ہیں:

(الف) احرام کی جنایات، یعنی وہ چیزیں جن کا احرام میں کرنا منع ہے، یہ آٹھ ہیں:

فہرست

❶ خوشبو استعمال کرنا۔

❷ چہرہ کو اس طرح ڈھانکنا کہ کپڑا چہرے سے ٹکرائے۔

❸ بال دُور کرنا یا بدن سے جُوں مارنا یا جُدا کرنا۔

❹ ناخن کاٹنا۔

❺ جماع (ہم بستری) کرنا۔

❻ واجبات میں سے کسی واجب کو ترک کرنا۔

❼ خشکی کے جانور کا شکار کرنا۔

(ب) حرم کی جنایات یعنی جن امور کا حدودِ حرم میں کرنا منع ہے، چاہے وہ احرام کی حالت میں ہو یا نہ ہو مثلاً:

❶ حرم کے جانور کو چھیڑنا یعنی شکار کرنا اور تکلیف پہنچانا۔

❷ حرم کا درخت اور گھاس کاٹنا۔

نوٹ: جنایت کے ارتکاب سے صدقہ یا دم یعنی پوری بکری، بھیڑ یا، اونٹ گائے کا ساتواں حصّہ، یا بدنہ یعنی پوری گائے یا پورا

اونٹ ذبح کرنا ہوتا ہے۔ تفصیل کے لئے بوقتِ ضرورت کسی مستند عالم سے رجوع کریں۔

نوٹ: اس وقت چند ضروری باتیں یاد رکھیں:

۱ اگر نوچنے، کھجانے وغیرہ سے سر کے بال تین تک گریں تو ہر بال کے بدلہ میں ایک مٹھی گیہوں یا اس کی قیمت صدقہ کریں، تین سے زائد بال پر پونے دو کلو گیہوں اس کی قیمت صدقہ کرنا ہوگا۔

۲ اگر عبادت والے عمل، مثلاً وضو کرتے ہوئے تین بال گریں تو ایک مٹھی گیہوں یا اس کی قیمت کا صدقہ ہے اور اگر تین سے زائد گریں تو پونے دو کلو گیہوں یا اس کی قیمت صدقہ کریں۔

۳ سینہ، پنڈلی وغیرہ کے بال جواز خود گریں، ان پر کچھ صدقہ نہیں ہے۔

۴ دَم کا حدودِ حرم میں دینا لازم ہے، حرم کی حدود سے باہر

جائز نہیں ہے۔

❺ صدقہ یا صدقہ کی قیمت کہیں بھی دی جاسکتی ہے۔

❻ جنایت سے واجب ہونے والے دَم کا گوشت خود کھانا جائز نہیں ہے۔

نوٹ: یاد رکھئے مال داری کے گھمنڈ میں جان بوجھ کر جنایت کرنا اور یہ کہنا کہ ہم دم دے دیں گے، یہ بڑی ناشکری اور سخت گناہ کی بات ہے اور اس سے اندیشہ ہے کہ عبادت قبول نہ ہو اگر کسی نے ایسا کرلیا ہے تو توبہ کرے اور دم بھی دے۔

مسائل طواف

مسئلہ: پورے طواف کے درمیان باوضو رہنا ضروری ہے، لہٰذا طواف شروع کرنے سے پہلے وضو کرلے اور پورے طواف تک باوضو رہے، اگر طواف کے پہلے چار چکروں میں وضو ٹوٹ جائے، تو وضو کرکے طواف نئے سرے سے شروع کرے، اگر چار

چکروں کے بعد وضو ٹوٹے، تو وضو کے بعد اختیار ہے کہ طواف نئے سرے سے شروع کرے یا جہاں سے چھوڑا تھا وہاں سے طواف پورا کرے۔

مسئلہ: طواف کیلئے نیت شرط ہے، بلانیت اگر کوئی بیت اللہ کے چاروں طرف سات چکر لگائے، تو طواف نہ ہوگا اور دل میں طواف کا ارادہ ہونا نیت کے لئے کافی ہے، زبانی نیت ضروری نہیں۔

مسئلہ: عمرہ کرنے والی عورت کا تلبیہ پڑھنا بیت اللہ پر نظر پڑتے ہی ختم ہو جاتا ہے، اس لئے اب تلبیہ نہ پڑھے۔

مسئلہ: حجر اسود کا استلام کرے تو ایک بات اچھی طرح یاد رکھیں کہ استلام کرتے وقت لوگوں کے دھکوں کی وجہ سے اپنی جگہ سے آگے پیچھے ہو جانے کا خوف ہوتا ہے، اس وقت چونکہ چہرہ اور سینہ بیت اللہ شریف کی طرف ہوتا ہے، لہٰذا اس کا خیال رہے کہ

سینہ بیت اللہ شریف کی طرف ہونے کی صورت میں بیت اللہ شریف کے دروازے کی طرف نہ بڑھے، ورنہ ایسی حالت میں یہ سمجھا جائے گا، کہ طواف کی اتنی مقدار بیت اللہ شریف کی طرف سینہ اور چہرہ کر کے کی گئی ہے، اگر ایسا ہو جائے تو پچھلے پاؤں لوٹے کہ بایاں کندھا بیت اللہ شریف ہی کی طرف رہے اور اتنے حصّہ کو دوبارہ کرے، ہجوم میں چونکہ اس طرح کرنا مشکل ہوتا ہے اس لئے ایسی حالت میں طواف کے اس خاص چکّر کو دوبارہ کرے، ورنہ جزاء لازم ہو جائے گی، اسی لئے یہ مشورہ دیا جاتا ہے کہ ہجوم کے وقت حجرِ اسود کو بوسہ نہ دے بلکہ دور ہی سے اشارہ سے استلام کرے۔

مسئلہ: استلام کے بعد اپنی جگہ پر کھڑے کھڑے اور پاؤں اپنی جگہ پر جمائے ہوئے طواف کی حالت میں آجائے، یعنی بایاں کندھا بیت اللہ کی سیدھ میں آجائے اور بیت اللہ کے دروازہ کی

طرف اس طرح چلے کہ بایاں کندھا بیت اللہ کی طرف رہے اور اس طرح طواف شروع کرے۔

مسئلہ: اگر کسی نے حالت احرام میں حجرِ اسود کو بوسہ دیا اور اس کے منہ اور ہاتھ کو بہت سی خوشبو لگ گئی تو دم واجب ہوگا اور اگر تھوڑی لگی تو صدقہ یعنی پونے دو کلو گیہوں یا اس کی قیمت خیرات کرنا واجب ہوگا، اس لئے احرام کی حالت میں حجر اسود کو نہ ہاتھ لگائیں اور نہ بوسہ دیں، ہاتھوں سے اشارہ کر کے ہاتھوں کا بوسہ لیں۔

مسئلہ: حطیم کو شامل کر کے طواف کرنا واجباتِ طواف میں سے ہے اور طواف کے دوران حطیم کے بیچ سے گزرنا ناجائز ہے، اگر ایسا کر لیا تو اس خاص چکّر کو دوبارہ ادا کرنا لازم ہے ورنہ جزاء لازم ہوگی۔

نوٹ: طواف کے سات چکروں کے درمیان وقفہ کرنا یا کسی اور

کام میں مشغول ہوجانا مکروہ ہے۔

مسئلہ: ہروہ کام جو خشوع اور عاجزی کے منافی ہو، اس کو چھوڑ دے، مثلاً بلا ضرورت ادھر اُدھر دیکھنا، منہ پر ہاتھ رکھنا، ایک ہاتھ کی انگلیوں کو دوسرے ہاتھ کی انگلیوں میں داخل کرنا، وغیرہ اسی طرح طواف کے دوران ایک دوسرے کے پیچھے دوڑنا بھی طواف کے آداب کے خلاف ہے، طواف میں اطمینان وسکون سے چلنا چاہئے۔

مسئلہ: طواف کے دوران اپنی نگاہ کو اپنے چلنے کی جگہ کے علاوہ، ادھر اُدھر نہ کرے، دعاؤں کے ساتھ ساتھ دُرود شریف پڑھتی رہے کیونکہ درود شریف افضل عبادت ہے۔

مسئلہ: طواف کے دوران دعا کی طرح ہاتھ نہ اٹھائے یا نماز کی طرح ہاتھ نہ باندھے۔

مسئلہ: طواف میں اذکار اور دعاؤں کا آہستہ پڑھنا مستحب ہے،

فہرست

اس طرح پڑھے کہ دوسروں کے پڑھنے میں خلل نہ پڑے۔

مسئلہ: طواف میں دعا مانگنا، قرآن مجید کی تلاوت سے افضل ہے۔

مسئلہ: طواف میں نمازیوں کے سامنے سے گزر سکتے ہیں۔

مسئلہ: رکنِ یمانی پر پہنچے تو اس کو دونوں ہاتھوں سے یا صرف داہنے ہاتھ سے چھونا سنت ہے، لیکن خیال رہے کہ پاؤں اپنی جگہ پر رہیں اور سینہ اور قدم بیت اللہ کی طرف نہ ہو، اس کو بوسہ دینا یا صرف بائیں ہاتھ سے چھونا خلافِ سنت ہے، اگر ہاتھ لگانے کا موقع نہ مل سکے تو اس کی طرف اشارہ نہ کرے ایسے ہی گزر جائے، یہی بہتر ہے۔

مسئلہ: شروع طواف اور ختم طواف، ملا کر حجر اسود کا آٹھ مرتبہ استلام ہوتا ہے، اوّل طواف شروع کرتے وقت اور آٹھواں (آخری چکر کے بعد) پہلی اور آٹھویں مرتبہ سُنّتِ مؤکدہ ہے،

فہرست

باقی میں بعض کے نزدیک سنت ہے اور بعض کے نزدیک مستحب ہے، استلام نہ کرنا مکروہاتِ طواف میں سے ہے، اس لئے کراہت سے بچنے کے لئے ہر چکّر کے پورا ہونے پر استلام کرے۔

مسئلہ: یوں تو بیت اللہ شریف کو دیکھنا ایک عبادت ہے، لیکن طواف کی حالت میں بیت اللہ شریف کی طرف منہ کرنا اور بیت اللہ کو دیکھنا صحیح نہیں، بیت اللہ کی طرف منہ کرنا، صرف حجر اسود کے استقبال کے وقت جائز ہے۔

نوٹ: دورانِ طواف بیت اللہ کی طرف پیٹھ کرنا مکروہ تحریمی ہے، جو حرام کے زمرہ میں آتا ہے، اگر ایسا ہو جائے تو اس خاص حصّہ کا لوٹانا واجب ہے، لیکن بہتر ہے کہ پورے چکر کو دوبارہ کرے، دوبارہ نہ کرنے کی صورت میں جزاء لازم ہو جائے گی۔

مسئلہ: حجر اسود کے سامنے استلام کے وقت ہر بار تکبیر کہنا سنّت

فہرست

ہے یعنی شروع میں بھی اور ہر چکّر میں بھی، ہر بار یہ کہے

بِسْمِ اللّٰہِ اَللّٰہُ اَکْبَرُ وَلِلّٰہِ الْحَمْدُ

وَالصَّلٰوۃُ وَالسَّلَامُ عَلٰی رَسُوْلِ اللّٰہِ

مسئلہ: بلا عذر جوتے پہن کر طواف کرنا مکروہ ہے، موزہ پہن کر طواف کرنا مکروہ نہیں ہے۔

مسئلہ: بعض خواتینیہ سمجھتی ہیں کہ طواف اس وقت تک مکمل نہیں ہوگا، جب تک کتابوں میں لکھی ہوئی ہر چکر کی الگ الگ دعائیں نہ پڑھی جائیں، یہ خیال غلط ہے، طواف کے لئے نیت شرط ہے اس کے بعد بالکل خاموش رہنا اور کچھ نہ پڑھنا بھی جائز ہے۔

مسئلہ: حج قران کرنے والی خواتین طوافِ عمرہ، طوافِ قدوم اور طوافِ نفل میں تلبیہ پڑھ سکتی ہیں اور حج افراد کرنے والی خواتین بھی طوافِ قدوم اور طوافِ نفل میں تلبیہ پڑھ سکتی ہیں مگر زور سے نہ پڑھیں، البتہ دعا مانگنا تلبیہ پڑھنے سے افضل ہے، قارنہ اور

مفردہ کے علاوہ کے لئے طواف میں تلبیہ پڑھنا منع ہے۔

مسئلہ: طواف کے چکروں میں ہر چکّر کا لگاتار ہونا سنّت مؤکدہ ہے، اس لئے طواف کرتے ہوئے کسی عذر کے بغیر کہیں نہ ٹھہرے، بیت اللہ کے کونوں پر یا مطاف کی کسی اور جگہ پر دوران طواف دعا کے لئے کھڑا ہونا مکروہ ہے، اس لئے کہ یہ طواف کے لگاتار ہونے کے خلاف ہے۔

مسئلہ: اگر دوران طواف فرض نماز یا نماز جنازہ شروع ہو جائے، تو طواف روک دیں اور عورتوں کے مجمع میں شامل ہو کر نماز میں مشغول ہو جائیں، نماز سے فارغ ہو کر اسی جگہ سے طواف شروع کر دیں، جہاں چھوڑا تھا۔

مسئلہ: خواتین نماز سے اتنی دیر پہلے طواف شروع کریں کہ ان کا طواف نماز سے اتنی دیر پہلے ختم ہو جائے جس میں وہ عورتوں کے مجمع میں نماز کے لئے پہنچ جائیں ورنہ مردوں کی نماز خراب کرنے

کے گناہ میں مبتلا ہونے کا اندیشہ ہے۔

مسئلہ: طواف اور سعی کیلئے محرم کا ساتھ ہونا ضروری نہیں، بغیر محرم کے بھی ادا ہو جاتے ہیں۔

مسئلہ: اگر کوئی عورت حیض نفاس کی مجبوری کی وجہ سے طواف قدوم نہ کر سکے تو کوئی حرج نہیں۔

سیلان رحم (لیکوریا)

وہ رطوبت اور پانی جو حیض کے اختتام پر رحم سے بہہ کر آگے کی شرمگاہ سے باہر آئے اسے سیلان رحم (لیکوریا) کہا جاتا ہے۔

مسئلہ: سیلان رحم نجس ہے اور اس سے وضو ٹوٹ جاتا ہے، اگر کپڑے پر لگ جائے تو دیگر ناپاک چیزوں کی طرح اسے بھی دھویا جائے گا۔

مسئلہ: بعض خواتین کو بہت کثرت سے یہ پانی آتا ہے، جس کی وجہ سے ان کو نماز کے دوران وضو ٹوٹ جانے کا خطرہ رہتا

ہے، ایسی عورت پر واجب ہے کہ روئی وغیرہ سے اس کو روکنے کی کوشش کرے، اگر اس کے باوجود نہ رکے تو کسی ایک نماز میں تجربہ کرے کہ اس نماز کے پورے وقت میں سنتوں اور نوافل کے علاوہ صرف فرض نماز ناپاک پانی آئے بغیر ادا کرسکتی ہے یا نہیں، اگر صرف فرض نماز بھی ادا نہیں ہوسکتی تو اب یہ عورت شرعاً معذور کے حکم میں داخل ہے اس لئے اب یہ عورت ہر نماز کے وقت میں صرف ایک مرتبہ وضو کرے اس دوران اس ناپاک پانی کے آنے کی وجہ سے وضو نہیں ٹوٹے گا البتہ نماز کا وقت گزرتے ہی وضو ٹوٹ جائے گا اور دوسری نماز کے لئے نیا وضو کرنا ہوگا اور یہ معاملہ اس وقت تک چلے گا جب تک یہ عذر ختم نہ ہو جائے۔

اور اگر نماز کے پورے وقت میں اتنی دیر پاکی حاصل ہو جاتی ہے جس میں صرف فرض نماز ادا ہوسکتی ہو تو یہ عورت شرعاً معذور نہیں شمار ہوگی۔

فہرست

مسئلہ: اگر کوئی عورت سیلان رحم کی وجہ سے پورا طواف ایک وضو سے ادا نہیں کر سکتی تو وہ روئی وغیرہ سے اس ناپاک پانی کو روکنے کی کوشش کرے۔

مسئلہ: اگر سیلان رحم اتنی کثرت سے ہے کہ روئی وغیرہ سے بھی نہیں رکتا اور یہ عورت شرعاً معذور بھی نہیں، تو ایسی عورت پر واجب ہے کہ دوران طواف جب کبھی یہ ناپاک پانی آجائے تو مطاف سے نکل کر وضو کر لے اور جہاں سے طواف چھوڑا ہے وہیں سے شروع کرکے باقی ماندہ طواف پورا کر لے، نئے سرے سے طواف شروع کرنے کی ضرورت نہیں۔

مسئلہ: اگر سیلان رحم میں مبتلا عورت شرعاً معذور کے حکم میں ہے تو ہر نماز کے لئے وضو کر لے اب اس نماز کے پورے وقت میں اس کا وضو سیلان کی وجہ سے نہیں ٹوٹے گا، اس دوران جتنے طواف کرنا چاہے کر لے، البتہ اگر دوران طواف نئی نماز کا وقت شروع

فہرست

ہوگیا تو اس کا وضوٹوٹ جائے گا چاہے ناپاک پانی آئے یا نہ آئے۔

مسئلہ: اگر طواف کے چار چکر پاکی کی حالت میں کئے اور چار چکر کے بعد ناپاک پانی آگیا اور باقی کے چکر ناپاکی کی حالت میں ہوئے تو ایسی عورت پورے طواف کو لوٹائے یا ناپاکی کی حالت میں کئے ہوئے ہر چکر کے بدلے سوا دو کلو گندم یا اس کی قیمت صدقہ کرے۔

مسئلہ: اگر کوئی عورت اپنی کم علمی کی بناء پر سیلان رحم کو ناقض وضو شمار نہ کرے اور اسی حالت میں طواف کر لے تو اس کے لئے ضروری ہے کہ وہ اللہ تعالیٰ سے توبہ واستغفار کرے اور اس طواف کو لوٹائے ورنہ دم دینا ہوگا۔

مسائل سعی

مسئلہ: جس طواف کے بعد سعی کرنی ہو اس طواف اور طواف کی دو رکعت پڑھنے کے بعد سعی کے لئے جانے سے پہلے حجر اسود کا استلام کرنا سنت ہے، اس لئے نویں بار حجرِ اسود کا استلام کر کے صفا پر آئے۔

مسئلہ: نئی تعمیر کے بعد صفا کی بلندی کے اول حصہ تک چڑھنا جہاں سے بیت اللہ نظر آ جائے کافی ہے۔

مسئلہ: سعی کرنے والی کے لئے سنت ہے کہ قبلہ رو کھڑے ہو کر سعی کی نیت کرے۔

مسئلہ: صفا اور مروہ پر چڑھنے کے بعد قبلہ رو کھڑے ہونا سنت ہے اور ہر چکر میں میلین کے درمیان حسب معمول چلنا۔

مسئلہ: حج کی سعی اگر طوافِ قدوم کے بعد طوافِ زیارت سے پہلے کرے، تو سعی میں تلبیہ پڑھے۔

فہرست

مسئلہ: واجب ہے کہ سعی صفا سے شروع کرے اور مروہ پر ختم کرے، صفا سے مروہ تک ایک چکر ہوتا ہے اور مروہ سے صفا تک دوسرا چکر۔

مسئلہ: مروہ پر بھی زیادہ اوپر چڑھنا منع ہے، کشادہ جگہ تک چڑھے۔

مسئلہ: صفا اور مروہ پر اذکار اور دعاؤں کا تین بار تکرار کرنا، صفا اور مروہ پر دیر تک دعا مانگنا مستحب ہے۔

مسئلہ: صفا اور مروہ پر دونوں ہاتھ اس طرح اٹھائیں، جیسے دعا میں اٹھائیں جاتے ہیں، نماز کی تکبیر تحریمہ کی طرح ہاتھ نہ اٹھائیں اور بیت اللہ شریف کی طرف ہاتھ سے اشارہ بھی نہ کریں، یہ خلافِ سنت ہے، دوسروں کی دیکھا دیکھی میں ایسا نہ کریں۔

مسئلہ: سعی کے درمیان اگر وضو ٹوٹ جائے تو سعی جاری رکھیں، بے وضو سعی ہو جاتی ہے اور اس سے کوئی دم یا صدقہ واجب نہیں

ہوتا۔

مسئلہ: سعی سے فارغ ہونے کے بعد، لیکن بال کٹوانے سے پہلے، مسجد حرام میں آکر دو رکعت نفل ادا کرنا مستحب ہے بشرطیکہ مکروہ وقت نہ ہو۔

مسئلہ: سعی کے لئے پاک ہونا شرط نہیں لہٰذا اگر عورت کے ناپاکی کے ایام شروع ہو چکے اور سعی نہ کی ہو تو سعی کرسکتی ہے۔

مسئلہ: حج تمتع کرنے والی عورت اگر حج کی سعی حج سے پہلے کرنا چاہے تو اس کے لئے ضروری ہے کہ حج کا احرام باندھے اور ایک نفلی طواف کرنے کے بعد حج کی سعی کی نیت سے سعی کرے۔

مسئلہ: حج کے احرام کے بغیر اگر حج کی سعی کی تو حج کی سعی ادا نہ ہوگی، اسی طرح اگر حج کا احرام باندھنے کے بعد بغیر طواف کئے حج کی سعی کر لی تب بھی سعی ادا نہ ہوگی بلکہ طواف زیارت کے بعد دوبارہ سعی کرنی ہوگی۔

فہرست

حج

فرائض حج:

حج کے تین فرض ہیں:

❶ احرام یعنی حج کی دل سے نیت کرنا اور تلبیہ پڑھنا۔

❷ وقوف عرفات یعنی ۹ ذِی الحجہ کو زوالِ آفتاب کے وقت سے ۱۰ ذی الحجہ کی صبح صادق تک عرفات میں کسی وقت میں ٹھہرنا، اگرچہ ایک لمحہ ہی کیوں نہ ہو۔

❸ طوافِ زیارت جو دسویں ذی الحجہ کی صبح صادق سے لے کر بارہویں ذی الحجہ کے سورج غروب ہونے تک کیا جاتا ہے۔

ان تینوں فرضوں میں سے اگر کوئی فرض چھوٹ گیا، تو حج صحیح نہ ہوگا اور اس کی تلافی دم یعنی قربانی وغیرہ سے بھی نہیں ہوسکتی۔

اِن تینوں فرائض کا ترتیب وار ادا کرنا اور ہر فرض کو اس کی مخصوص

جگہ اور وقت میں کرنا واجب ہے۔

ارکان حج

حج کے دو رکن ہیں:

1. طوافِ زیارت۔
2. وقوف عرفہ۔

اور اِن دونوں میں زیادہ اہم اور قوی وقوف عرفہ ہے۔

واجباتِ حج

حج کے چھ واجبات ہیں۔

1. مزدلفہ میں وقوف کے وقت ٹھہرنا۔
2. صفا اور مروہ کے درمیان سعی کرنا۔
3. رمی جمار یعنی شیطان کو کنکریاں مارنا۔
4. دم شکر ادا کرنا یعنی حج کیقربانی کرنا (حج قران یا حج تمتع کرنے والی کے لئے)۔

فہرست

۵ سر کے بالوں کو انگلی کے ایک پورے کے بقدر کاٹنا یا کٹوانا۔

۶ طواف وداع کرنا (آفاقیہ کے لئے)۔

واجبات کا حکم یہ ہے کہ اگر ان میں سے کوئی واجب چھوٹ جائے تو حج ہو جائے گا، چاہے جان بوجھ کر چھوڑا ہو یا بھول کر، لیکن اس کی جزاء لازم ہوگی۔

حِج کی سنتیں

۱ حج افراد یا حج قران کرنے والی آفاقیہ کے لئے طوافِ قدوم کرنا۔

۲ آٹھویں اور نویں ذی الحجہ کی درمیانی رات منٰی میں رہنا۔

۳ ۹ ذی الحجہ کو طلوع آفتاب کے بعد منٰی سے عرفات جانا۔

۴ عرفات سے امام کے چلنے کے بعد چلنا (یعنی غروب آفتاب کے بعد)۔

فہرست

❺ عرفات میں غسل کرنا۔

❻ ایام منیٰ میں رات منیٰ میں گزارنا۔

ان کے علاوہ اور بھی بہت سی سنتیں ہیں، جو مسائل و افعال حج کے ساتھ ساتھ ان شاء اللہ تعالیٰ موقع بہ موقع ذکر کی جائیں گی۔

مسئلہ: سنّت کا حکم یہ ہے کہ اسے جان بوجھ کر چھوڑ دینا بُرا ہے اور کرنے سے ثواب ملتا ہے اور اس کے ترک کرنے سے جزاء لازم نہیں آتی۔

اقسام حج

حج کی تین قسمیں ہیں:

❶ **افراد** یعنی میقات سے صرف حج کا احرام باندھنا۔

❷ **قران** یعنی میقات سے حج اور عمرے کا ایک ساتھ احرام باندھنا۔

فہرست

۳ تمتع یعنی میقات سے صرف عمرے کا احرام باندھنا اور پھر عمرے سے فارغ ہونے کے بعد حج کا احرام باندھنا۔

حج کی تینوں قسمیں جائز ہیں، مگر احناف کے نزدیک سب سے افضل قران ہے، اس کے بعد تمتع، اور پھر افراد۔

آفاقیہ عورت کو اختیار ہے کہ حج کی تینوں قسموں میں سے جس کا چاہے، احرام باندھے، لیکن مکہ مکرمہ میں رہنے والی عورتوں کو حج قران اور حج تمتع کرنا منع ہے، مکہ مکرمہ میں رہنے والیعورتیں صرف حج افراد ہی کر سکتی ہیں۔

حج قران

حج قران کرنے والی عورت کو قارِنہ کہتے ہیں، حج قران کرنے والی عورت ایک ہی احرام میں حج اور عمرے دونوں کی نیت کرتی ہے، حج قران کرنے والی عورت کو چاہیئے کہ عمرے کے تمام افعال ادا کرے، لیکن قصر (بال کتروانا) نہ

کروائے عمرہ کے طواف اور سعی سے فارغ ہونے کے بعد طواف قدوم اور حج کی سعی کرے اور پھر احرام ہی میں رہے، یہاں تک کہ ۸ ذی الحجہ آجائے اور ۸ ذی الحجہ سے شروع ہونے والے حج کے ارکان ادا کرے اور ۱۰ ذی الحجہ کو رمی، قربانی اور قصر کروانے کے بعد احرام اتار دے۔

حج تمتع

حج تمتع کرنے والی عورت کو **مُتَمَتِّعہ** کہتے ہیں، حج تمتع کرنے والی عورت گھر سے روانہ ہوتے ہوئے، صرف عمرے کی نیت کرے گی، عمرے کے افعال ادا کرنے کے بعد قصر کروا کر احرام کھول دے اور ۸ ذی الحجہ کو حج کا احرام باندھ کر منیٰ روانہ ہو جائے اور حج کے افعال ادا کرے۔

حج افراد

حج افراد کرنے والی عورت کو مُفرِدہ کہتے ہیں، حج افراد کرنے والی عورت گھر سے روانہ ہوتے ہوئے صرف حج کی نیت کرے اور مکہ مکرمہ پہنچ کر احرام کی حالت میں ۸ ذی الحجہ کا انتظار کرے اور ۸ ذی الحجہ سے شروع ہونے والے حج کے افعال ادا کرکے، ۱۰ ذی الحجہ کو رمی، قربانی اور قصر کروانے کے بعد احرام اتار دے۔

نوٹ: واضح رہے کہ حج افراد کرنے والی عورت پر حج کی قربانی یعنی دم شکر واجب نہیں، لیکن افضل ہے، البتہ قارنہ اور متمتعہ پر واجب ہے۔

۸ ذی الحجہ کے احکام اور قیامِ منیٰ

مسئلہ: قارِنہ (حج قران کرنے والی عورت) جو پہلے ہی سے حالتِ احرام میں ہے، اس نے اگر اب تک طوافِ قدوم نہیں کیا

ہے، تو اس کے لئے سنّت ہے، کہ ۸ ذی الحجہ کو منیٰ جانے سے پہلے طوافِ قدوم کرے اور طوافِ قدوم کے بعد حج کی سعی کرلے، پہلے طواف قدوم کرے پھر ملتزم کی دعا، دوگانۂ طواف اور آبِ زم زم سے فارغ ہو کر صفا اور مردہ کی سعی کرے اور اس سعی میں تلبیہ پڑھے، اس کے بعد ۸ ذِی الحجہ کو منیٰ چلی جائے، لیکن اگر کسی وجہ سے حج کی سعی طوافِ زیارت کے بعد کرنا چاہے تو یہ بھی جائز ہے۔

مسئلہ: حج تمتع کرنے والی ۸ ذِی الحجہ کو غسل وغیرہ کر کے مسجد حرام میں آئیں، اگر سہولت ہو تو پہلے طواف تحیہ (نفلی طواف) کریں، لیکن یہ فرض یا واجب نہیں ہے، پھر دو رکعت واجب الطواف پڑھیں، اگر ہجوم یا کسی وجہ سے طواف نہ کرنا ہو اور وقت مکروہ نہ ہو تو دو رکعت نماز تحیۃ المسجد پڑھیں، اس کے بعد دو رکعت نماز سنّت احرام پڑھیں پھر حج کے احرام کی نیّت کر کے تلبیہ

پڑھیں۔

مسئلہ: حج کا احرام حدودِ حرم میں کسی بھی جگہ سے باندھا جا سکتا ہے، اپنی قیام گاہ پر بھی باندھ سکتے ہیں اور منیٰ پہنچ کر بھی باندھ سکتے ہیں۔

نوٹ: منیٰ حدودِ حرم میں داخل ہے۔

مسئلہ: حج تمتع کرنے والی عورتوں کے لئے طوافِ قدوم نہیں ہے، یہ طوافِ زیارت کے بعد حج کی سعی کریں، لیکن اگر حج کی سعی منیٰ جانے سے پہلے کرنا چاہیں، تو ان کے لئے ضروری ہے، کہ حج کا احرام باندھ کر ایک نفلی طواف کریں، پھر ملتزم کی دعا، دوگانۂ طواف، آبِ زم زم پی کر اور حجرِ اسود کے نویں استلام کے بعد صفا اور مروہ کی سعی کریں۔

نوٹ: حج تمتع کرنے والی عورت کے لئے افضل یہ ہے کہ طواف زیارت کے بعد سعی کریں۔

فہرست

نوٹ: حج کی سعی کے لئے کئے جانے والے نفلی طواف اور طواف تحیہ میں فرق یہ ہے کہ حج کی سعی کے لئے کئے جانے والے نفلی طواف کے لئے حج کا احرام شرط ہے جبکہ طواف تحیہ کے لئے کسی قسم کا احرام شرط نہیں۔

مسئلہ: مفردہ (حج افراد کرنے والی عورت) جو پہلے ہی سے حالت احرام میں ہے، اس نے طوافِ قدوم مکہ پہنچنے کے ساتھ ہی کرلیا ہوگا، اس کے لئے افضل ہے کہ حج کی سعی طوافِ زیارت کے بعد کرے، اور ۸ ذِی الحجہ کو کوئی اور کام کئے بغیر منٰی روانہ ہو جائے، لیکن اگر وہ حج کی سعی مِنٰی جانے سے پہلے کرنا چاہے تو مذکورہ بالا طریقے پر نفلی طواف اور حج کی سعی کرے اور پھر مِنٰی روانہ ہو جائے۔

مسئلہ: ۸ ذی الحجہ کو سورج نکلنے کے بعد مکہ مکرمہ سے منٰی روانہ ہونا سنّت ہے، لیکن آج کل حجاج کی کثرت تعداد اور ہجوم کی وجہ

سے معلّم مجبوراً لوگوں کو رات ہی سے منٰی بھیجنا شروع کردیتے ہیں، اس لئے اگر رات کو منٰی جانا پڑے تو مجبوری سمجھ کر چلی جائیں۔

مسئلہ: ۸ ذی الحجہ کو منٰی پہنچ کر ظہر، عصر، مغرب، عشاء اور ۹ ذی الحجہ کی فجر پانچ نمازیں پڑھنا سنت ہے، رات کو منٰی میں قیام کرے۔

مسئلہ: آٹھ اور نو ذی الحجہ کی درمیانی رات اور اسی طرح دس، گیارہ اور بارہ ذی الحجہ کی درمیانی راتیں منٰی ہی میں گزارنا سنت ہے، اپنی تھوڑی سی راحت کیلئے اس عظیم سنت سے محروم نہ ہوں اور ہو سکے تو بارہ اور تیرہ ذی الحجہ کی درمیانی رات بھی منٰی ہی میں گزاریں۔

مسئلہ: آج کل ہجوم کی وجہ سے منٰی کے بعض خیمے مزدلفہ میں لگائے جاتے ہیں اور بعض لوگ اسے منٰی جدید (نیو منٰی) بھی کہتے ہیں

فہرست

، حالانکہ وہ مزدلفہ ہی ہے، یاد رہے کہ منٰی میں رات گزارنا سنت ہے،اس لئے وہ خواتین جن کے خیمے مزدلفہ میں ہیں، وہ رات کے کسی حصے میں تھوڑی دیر کیلئے اپنے محرموں کے ساتھ منٰی آجائیں تاکہ کسی نہ کسی درجہ میں یہ سنت ادا ہوجائے۔

9 ذی الحجہ کے اعمال

مسئلہ:9 ذی الحجہ کو فجر کی نماز کے بعد تکبیراتِ تشریق شروع ہوجاتی ہیں، 9 ذی الحجہ کی فجر سے لے کر 13 ذی الحجہ کی عصر تک فرض نمازوں کے بعد ایک بار تکبیر تشریق پڑھنا واجب ہے، تکبیر تشریق کے الفاظ یہ ہیں:

اَللّٰهُ اَکْبَرُ اَللّٰهُ اَکْبَرُ لَآ اِلٰهَ اِلَّا اللّٰهُ وَاللّٰهُ اَکْبَرُ اَللّٰهُ اَکْبَرُ وَلِلّٰهِ الْحَمْدُ

مسئلہ:9 ذی الحجہ کی فجر سے 13 ذی الحجہ کی عصر تک ہر فرض نماز کے بعد پہلے تکبیر تشریق کہنی چاہئے اسکے بعد تلبیہ، یاد رہے کہ تلبیہ

دسویں تاریخ کی رمی کے ساتھ ختم ہو جاتا ہے، باقی ایام میں صرف تکبیر تشریق کہی جاتی ہے۔

مسئلہ: یاد رہے کہ ۹ ذِی الحجہ سے ۱۲ ذِی الحجہ تک بعد والی رات پہلے دن کی شمار کی جاتی ہے۔

وقوفِ عرفات

مسئلہ: وقوف سے مراد ۹ ذی الحجہ کو زوال آفتاب سے، ۱۰ ذِی الحجہ کی صبح صادق ہونے سے ذرا پہلے تک وادی عرنہ کے علاوہ میدانِ عرفات کے کسی حصّہ میں، کسی وقت بھی قیام کرنا، یہی وقوفِ عرفات حج کا سب سے بڑا رکن ہے، اس کے بغیر حج نہیں ہوتا۔

مسئلہ: ۹ ذی الحج کو فجر کی نماز ''اسفار'' یعنی خوب اجالے میں (منیٰ میں) پڑھے اور جب سورج نکل آئے، تو عرفات کی طرف روانہ ہو، ۹ ذی الحجہ سے پہلے یا سورج نکلنے سے پہلے عرفات جانا خلاف

سُنّت ہے۔

نوٹ: آج کل حجاج کرام کی کثرت تعداد اور ہجوم کی بناء پر مجبوراً رات ہی میں عرفات جانا پڑتا ہے۔

مسئلہ: وقوفِ عرفات میں صرف ایک چیز واجب ہے، وہ یہ کہ جو شخص دن میں زوالِ آفتاب کے بعد غروب آفتاب سے پہلے وقوف کرے، اس کے لئے غروبِ آفتاب تک عرفات میں رہنا واجب ہے۔

مسئلہ: وقوفِ عرفات کے لئے نیّت شرط نہیں، لیکن مستحب ہے، اگر نیّت نہ کی تب بھی وقوف ہو جائے گا، اسی طرح عرفات میں وقوف کے لئے کھڑا رہنا شرط اور واجب نہیں، بلکہ مستحب ہے، بیٹھ کر، لیٹ کر، جس طرح ہو سکے، سوتے، جاگتے، وقوف کرنا جائز ہے، لیکن وقوف کے وقت بلاعذر لیٹنا مکروہ ہے۔

مسئلہ: وقوف کے لئے حیض و نفاس و جنابت سے پاک ہونا شرط

نہیں ہے، ناپاکی کی حالت میں بھی وقوفِ عرفات ہو جاتا ہے۔

مستحباتِ وقوفِ عرفات

❶ زوال سے پہلے وقوف کی تیاری کرنا۔

❷ وقوف کی نیت کرنا۔

❸ قبلہ رخ ہو کر وقوف کرنا۔

❹ وقوف کھڑے ہو کر کرنا افضل ہے اور جب تھک جائے تو بیٹھ جائے۔

❺ اگر ہو سکے تو وقوف کے وقت سایہ میں کھڑی نہ ہو، ورنہ سایہ اور خیمہ میں وقوف کرے اور غروبِ آفتاب تک خوب رو رو کر دُعا اور استغفار کرے۔

❻ دعا کے لئے دونوں ہاتھ آسمان کی طرف اٹھانا۔

❼ دعاؤں کا تین بار تکرار کرنا۔

❽ دعا کے شروع میں اللہ تعالیٰ کی حمد و ثناء بیان کرنا اور حضور

صلی اللہ علیہ وسلم پر درود بھیجنا اور دعا کے ختم پر اللہ تعالیٰ کی حمد وثناء بیان کرنا اور حضور صلی اللہ علیہ وسلم پر درود بھیجنا اور آمین کہنا۔

عرفات کے احکام

مسئلہ: عرفات مکہ مکرمہ کے مشرق کی جانب، تقریباً نو میل اور منیٰ سے چھ میل کے فاصلے پر ایک میدان ہے، نویں تاریخ کو زوال کے بعد سے دسویں کی صبح صادق سے پہلے تک، کسی وقت اس میں ٹھہرنا، اگرچہ ایک لمحہ ہی کیلئے ہو، حج کا سب سے بڑا رکن ہے۔

مسئلہ: عرفات میں جس جگہ ٹھہرنا چاہے ٹھہرے، لیکن راستہ میں نہ ٹھہرے اور عورتوں کے مجمع کے ساتھ ٹھہرے، مجمع سے علیحدہ کسی جگہ میں ٹھہرنا یا راستہ میں ٹھہرنا مکروہ ہے، جبل رحمت کے قریب ٹھہرنا افضل ہے۔

نوٹ: آج کل حجاج کرام کی کثرت اور ہجوم اور راستے سے

ناواقفیت کی بناء پر جبل رحمت تک پہنچنا ایک مشکل کام ہے اور میدان عرفات کا ایک ایک لمحہ قیمتی ہے اس لئے مناسب یہی ہے کہ بجائے جبل رحمت تلاش کرنے کے اپنے خیموں ہی میں وقوف عرفات کرے اور دعا وغیرہ میں مشغول رہے۔

مسئلہ: بطن عرنہ میں ٹھہرنا جائز نہیں،، بطن عرنہ ایک وادی ہے جو مسجد عرفات سے بالکل متصل ہے، مسجد نمرہ کا ایک حصہ اسی وادی میں واقع ہے لہٰذا مسجد نمرہ کے اس حصے میں ٹھہرنے سے وقوف ادا نہیں ہوگا۔

مسئلہ: عرفات میں پہنچ کر تلبیہ، دُعا اور درود، وغیرہ کثرت سے پڑھتی رہے، جب زوال ہوجائے تو وضو کرے، غسل کرنا افضل ہے، ضروریات (کھانا پینا وغیرہ) سے زوال سے پہلے ہی فارغ ہوجائے اور زوال ہوتے ہی ذکرواذکار اور دعا میں مشغول ہوجائے۔

فہرست

مسئلہ: عرفات میں وقوف کے وقت کھڑا رہنا مستحب ہے، شرط اور واجب نہیں ہے، بیٹھ کر، لیٹ کر، جس طرح ہو سکے، سوتے، جاگتے، وقوف کرنا جائز ہے۔

مسئلہ: وقوف میں ہاتھ اٹھا کر حمد وثنا، درود شریف، دُعا، اذکار اور تلبیہ پڑھتے رہنا مستحب ہے اور خوب عاجزی کے ساتھ دُعا کریں، اپنے لئے اور اپنے عزیز واقارب، سعد عبدالرزاق اور اس کے گھر والوں کے لئے اور سب مسلمانوں کے لئے دُعا کریں اور قبولیت کی امید قوی رکھیں اور دُعا ودرود، تکبیر (اَللّٰہُ اَکْبَرُ) و تہلیل (لَآ اِلٰہَ اِلَّا اللّٰہُ) وغیرہ تین تین مرتبہ پڑھیں، دُعا کے شروع اور آخر میں تسبیح (سُبْحَانَ اللہ)، تحمید (اَلْحَمْدُ لِلّٰہ)، تہلیل (لَآ اِلٰہَ اِلَّا اللّٰہُ) وتکبیر (اَللّٰہُ اَکْبَرُ) اور درود پڑھیں۔

مسئلہ: نماز عصر کے بعد وقوف شروع کرکے، غروب تک دُعا وغیرہ کرتی رہے اور دُعا کے درمیان میں، تھوڑی دیر کے بعد

تلبیہ پڑھتی رہے۔

مسئلہ: اگر مجمع کے ساتھ کھڑا ہونے میں ہجوم اور تشویش کی وجہ سے توجہ حاصل نہ ہو اور تنہائی میں توجہ حاصل ہو، تو تنہا کھڑی ہونا افضل ہے۔

مسئلہ: عورتوں کو مردوں کے ساتھ کھڑا ہونا اور ان میں مخلوط ہونا منع ہے۔

مسئلہ: وقوف کے وقت جس قدر ذکر و دعا ہو سکے ان میں کمی نہ کرے، پتا نہیں یہ وقت دوبارہ نصیب ہو یا نہ ہو۔

ایک روایت میں ہے کہ جو مسلمان عرفہ کو زوال کے بعد وقوف کرے اور قبلہ رخ ہو کر سو مرتبہ چوتھا کلمہ

لَاۤ اِلٰهَ اِلَّا اللّٰهُ وَحْدَهٗ لَا شَرِيْكَ لَهٗ لَهُ الْمُلْكُ وَلَهُ الْحَمْدُ وَهُوَ عَلٰى كُلِّ شَيْءٍ قَدِيْرٌ

سو مرتبہ پوری سورۃ الاخلاص قُلْ هُوَ اللّٰهُ اَحَدٌ پوری سورت

فہرست

سو مرتبہ درود شریف اس طرح

اَللّٰھُمَّ صَلِّ عَلٰی مُحَمَّدٍ وَّعَلٰی اٰلِ مُحَمَّدٍ کَمَا صَلَّیْتَ عَلٰی اِبْرَاھِیْمَ وَعَلٰی اٰلِ اِبْرَاھِیْمَ اِنَّکَ حَمِیْدٌ مَّجِیْدٌ وَعَلَیْنَا مَعَھُمْ

پڑھے، تو اللہ تعالیٰ فرماتے ہیں کہ اے میرے فرشتو......! کیا جزا ہے میرے اس بندہ کی، جس نے میری تسبیح و تہلیل کی اور بڑائی اور عظمت بیان کی اور ثناء کی اور میرے نبی صلی اللہ علیہ وآلہٖ وسلم پر درورد بھیجا؟ میں نے اس کو بخش دیا، اس کی شفاعت کو اس کے نفس کے بارے میں قبول کیا اور اگر میرا بندہ اہل موقف (تمام عرفات والوں) کی بھی شفاعت کرے گا، تو قبول کروں گا۔

اسی طرح میدان عرفات میں سو مرتبہ تیسرا کلمہ بھی پڑھے۔

سُبْحَانَ اللّٰہِ وَالْحَمْدُ لِلّٰہِ وَلَآ اِلٰہَ اِلَّا اللّٰہُ وَاللّٰہُ اَکْبَرُ

فہرست

مسئلہ: اگر ہو سکے تو وقوف کے وقت سایہ میں کھڑی نہ ہو، لیکن اگر تکلیف کا اندیشہ ہو تو سایہ میں کھڑی ہو جائے اور غروب آفتاب تک خوب رو رو کر دعا کرے اور توبہ واستغفار کرے۔

مسئلہ: عام طور پر عرفات میں ظہر اور عصر کی نماز ایک ساتھ ظہر کے وقت میں ادا کی جاتی ہے، حنفی حضرات اگر مقامی امام کے پیچھے مسجد نمرہ میں نماز ادا کریں گے، تو ان دونوں نمازوں کو ایک ساتھ ادا کریں، لیکن بہتر ہے کہ اپنے خیموں میں ظہر اور عصر کی نماز ادا کی جائے۔

رکن وقوف

مسئلہ: وقوف کا عرفات میں ہونا رکن ہے، اگرچہ ایک لمحہ ہی ہو، خواہ کسی طرح سے ہو نیت ہو یا نہ ہو، سوتے ہوئے ہو یا بیداری میں، بے ہوشی کی حالت میں ہو یا افاقہ کی حالت میں ہو خوشی سے ہو یا زبردستی سے یا دوڑتے ہوئے گزر جائے، سب صورتوں میں

وقوف ادا ہوجائے گا۔

مسئلہ: وقوف کے وقت میں اگر ایک لمحہ کے لئے بھی عرفات میں داخل نہیں ہوئی تو وقوف نہیں ہوا۔

مسئلہ: وقوف کے لئے حیض و نفاس جنابت سے پاک ہونا شرط نہیں۔

مسئلہ: نویں ذی الحجہ کو زوال سے لے کر سورج غروب ہونے سے پہلے عرفات کی حد سے نکل آئے گی تو دم واجب ہوگا، لیکن اگر سورج غروب ہونے سے پہلے پھر عرفات میں واپس آجائے گی تو دم ساقط ہوجائے گا اور اگر غروب کے بعد عرفات میں واپس آئے گی تو دم ساقط نہ ہوگا۔

مسئلہ: ۹ ذی الحجہ کو آفتاب غروب ہونے کے بعد مغرب کی نماز پڑھے بغیر عرفات سے مزدلفہ روانہ ہوجائے، مزدلفہ پہنچ کر مغرب اور عشاء کی نمازیں اکٹھا کر کے عشاء کے وقت میں پڑھی جاتی

فہرست

خواتین حج کیسے کریں

ہیں۔

وقوفِ مُزدلفہ

مزدلفہ میں مغرب اور عشاء کی نماز سے فارغ ہو کر، صبح صادق تک ٹھہرنا سنت مؤکدہ ہے، یہ رات بعض حضرات کے نزدیک شبِ قدر سے بھی زیادہ افضل ہے۔

وقوفِ مزدلفہ کا رکن یہ ہے کہ یہ وقوف ۱۰ ذی الحجہ کی صبح صادق کے بعد مزدلفہ میں ہو اور یہ واجباتِ حج میں سے ہے، اس کا وقت صبح صادق سے طلوعِ آفتاب تک ہے، عورتیں اگر ہجوم کی وجہ سے مزدلفہ میں نہ ٹھہریں تو ان پر دم واجب نہیں ہوگا۔

مستحب یہ ہے، کہ مزدلفہ سے رمی کیلئے کنکریاں اٹھائی جائیں، اس لئے مزدلفہ سے روانگی سے پہلے کم از کم ستّر (۷۰) کنکریاں چُن لیں، جو کھجور کی گٹھلی یا مٹر کے دانہ کے برابر ہوں، اگر مزدلفہ سے کنکریاں نہ لیں تو بعد میں کسی دوسری جگہ سے

حاصل کرنا بعض اوقات مشکل ہوجاتا ہے۔

نوٹ: شیطان کو مارنے کے لئے کنکریاں کہیں سے بھی لی جاسکتی ہیں البتہ مزدلفہ سے جمع کرنا مستحب اور جمرات کے قریب سے اٹھانا مکروہ ہے۔

صبح صادق ہوجانے کے بعد اول وقت میں فجر کی نماز پڑھیں، پھر وقوف کریں اور تسبیح وتہلیل کریں، بعض لوگ منیٰ جانے کی جلدی میں، فجر کے وقت سے پہلے ہی اذان دے کر نماز پڑھ لیتے ہیں اور مزدلفہ سے مِنیٰ کو روانہ ہوجاتے ہیں، ان سے ہوشیار رہیں اور ہرگز کسی کی اذان کا اعتبار نہ کریں، بلکہ اپنی گھڑی کے اعتبار سے جب صبح صادق ہوجائے تو اس کے بعد فجر کی نماز پڑھیں، بہتر طریقہ یہ ہے کہ ۷، یا ۸ ذِی الحجہ کو مکہ مکرمہ میں مسجدِ حرام میں فجر کی اذان کا وقت نوٹ کرلیں اور اس سے پانچ منٹ بعد مزدلفہ میں فجر کی نماز پڑھیں، اس کے بعد وقوف سے فارغ

ہوکر منیٰ روانہ ہوجائیں۔

نوٹ: نماز کا صحیح وقت معلوم کرنے کے لئے کتاب کے اخیر میں دیئے گئے نمازوں کے اوقات کے نقشے سے بھی مدد لی جا سکتی ہے۔

۱۰ ذی الحجہ

۱۰ ذِی الحجہ کو مزدلفہ سے منیٰ آکر سب سے پہلے جمرۂ عقبیٰ (بڑے شیطان) کی رمی (کنکریاں ماریں) کریں، اس کے بعد قربانی اور پھر سر کے بال کترواکر احرام کھول دیں، ان سب کاموں سے فارغ ہوکر بیت اللہ آجائیں اور طواف زیارت ادا کریں، یہ حج کا ایک بڑا رکن ہے، اور اس کے بغیر حج مکمل نہیں ہوتا، نہ ہی اس کا کوئی بدل ہے، طواف زیارت ادا کرنے کا کوئی مخصوص طریقہ نہیں، جس طرح عام طواف کیا جاتا ہے طواف زیارت بھی اسی طرح ادا کیا جاتا ہے، اگر حج کی سعی پہلے ادا نہیں

کی تو طواف زیارت کے بعد حج کی سعی بھی کرلیں، طواف زیارت اور سعی کی ادائیگی کے بعد منٰی واپس آجائیں اور رات وہیں قیام کریں۔

مسائل رمی

مسئلہ: شیطان کو کنکریاں مارنے کو رمی جمار کہا جاتا ہے۔

مسئلہ: رمی جمار واجب ہے نہ کرنے کی صورت میں دم دینا ہوگا۔

مسئلہ: کنکریاں مارنے کی جگہ پر جو ستون بنے ہوئے ہیں ان ستونوں کے آس پاس جہاں کنکریاں جمع ہو جاتی ہیں، وہی جگہ جمرہ کہلاتی ہے، اس لئے کنکریاں اس طرح پھینکی جاتی ہیں کہ ستون کے پاس یا اس کے قریب گریں، اگر وہ ستون کی جڑ سے تین ہاتھ یا اس سے زائد فاصلہ پر گریں تو دُور سمجھی جائیں گی اور ادا نہیں ہوں گی ان کو دوبارہ مارنا ہوگا، ورنہ جزاء لازم ہو جائے گی۔

مسئلہ: ایک بڑا پتھر توڑ کر رمی کے لئے چھوٹے ٹکڑے بنانا مکروہ ہے، جمرہ کے نزدیک سے کنکریاں جمع کرنا، مسجد سے کنکریاں اٹھانا یا نجس جگہ سے اٹھانا بھی مکروہ ہے۔

مسئلہ: مستحب ہے کہ کنکریوں کو مارنے سے پہلے دھولیا جائے۔

مسئلہ: ہر جمرہ پر سات کنکریاں ماری جاتی ہیں، جن کو علیٰحدہ علیٰحدہ مارنا ضروری ہے، اگر ایک سے زیادہ یا ساتوں ایک ہی دفعہ میں ماردیں، تو ایک ہی شمار ہوگی، اگرچہ علیٰحدہ علیٰحدہ گری ہوں اور باقی پوری کرنا ضروری ہوگا، سات کنکریوں سے زائد مارنا مکروہ ہے، شک ہوجانے کی وجہ سے زیادہ ماریں تو حرج نہیں ہے۔

مسئلہ: اگر کسی نے

1. تینوں دنوں کی رمی بالکل ترک کردی:
2. یا ایک دن کی رمی ساری ترک کردی:

فہرست

③ یا پہلے دن کی سات کنکریوں میں سے چار کنکریاں ترک کردیں:

④ یا باقی دنوں میں اکیس کنکریوں میں سے گیارہ کنکریاں ترک کردیں:

تو سب صورتوں میں دم واجب ہوگا، یہ صورت ایک دن میں پیش آجائے یا تینوں دنوں میں، ایک ہی دم واجب ہوگا۔

مسئلہ: اگر دسویں ذی الحجہ کی رمی سے تین یا اس سے کم کنکریاں اور باقی دنوں میں رمی سے دس یا اس سے کم کنکریاں ترک کردیں، تو ہر کنکری کے بدلے پونے دو کلو گیہوں یا اس کی قیمت صدقہ کرنا واجب ہوگا۔

مسئلہ: رمی کے لئے جمرہ کے قریب یا دُور ہونا شرط نہیں ہے، جس جگہ سے بھی رمی کرے گی، رمی ہوجائے گی، لیکن سنّت یہ ہے کہ جمرہ سے پانچ ہاتھ یا اس سے زیادہ فاصلہ پر کھڑے ہوکر رمی

کرے، اس سے کم فاصلہ سے رمی کرنا مکروہ ہے۔

مسئلہ: جس طرح چاہے پکڑ کر کنکری مارے جائز ہے لیکن کنکری کو انگوٹھے اور کلمہ کی انگلی سے پکڑنا مستحب ہے۔

مسئلہ: رمی کے ساتھ تکبیر کہنا مسنون ہے، جب کنکریاں مارے تو یہ پڑھتی رہے

بِسۡمِ اللّٰہِ اَللّٰہُ اَکۡبَرُ رَغۡمًا لِّلشَّیۡطٰنِ وَرِضًی لِّلرَّحۡمٰنِ

"میں اللہ تعالیٰ کے نام سے شروع کرتی ہوں، اللہ سب سے بڑا ہے، (یہ کنکری) شیطان کو ذلیل کرنے اور اللہ پاک کو راضی کرنے کے لئے مارتی ہوں"۔

مسئلہ: ۱۰ ذی الحجہ کو پہلے اور دوسرے جمرہ کو چھوڑ کر براہ راست تیسرے جمرہ پر آئے، جس کو "جمرۂ عقبہ" (بڑا شیطان) کہتے ہیں، اس پر سات کنکریاں مارے۔

مسئلہ: جمرۂ عقبہ پر پہلی کنکری مارنے کے ساتھ ہی تلبیہ موقوف

فہرست

کر دے۔

مسئلہ: ۱۰ ذی الحجہ کو رمی کا وقت ۱۰ ذی الحجہ کی صبح صادق سے ۱۱ ذی الحجہ کی صبح صادق سے پہلے تک ہے، ان اوقات کے درمیان رمی کرنے سے رمی ادا ہو جائے گی، البتہ ۱۰ ذی الحجہ کے سورج طلوع ہونے کے بعد سے زوال آفتاب تک وقت مسنون ہے اور ۱۰ ذی الحجہ کے زوال آفتاب سے سورج غروب ہونے تک کا وقت بغیر کسی کراہت کے جائز ہے جبکہ سورج غروب ہونے کے بعد سے ۱۱ ذی الحجہ کی صبح صادق سے پہلے تک کا وقت مکروہ ہے، لیکن ہجوم کی کثرت اور عذر شرعی کی صورت میں ان شاء اللہ امید ہے کہ کراہت نہیں رہے گی۔

مسئلہ: دوسرے اور تیسرے دن یعنی ۱۱، اور ۱۲، ذِی الحجہ کو تینوں جمروں پر رمی کرنے کا وقت، زوالِ آفتاب سے اگلے دن کی صبح صادق سے پہلے تک ہے اور مسنون وقت زوال کے بعد سے

غروبِ آفتاب تک ہے، غروبِ آفتاب سے صبح صادق تک کا وقت مکروہ ہے، اگر بلا عذر اگلے دن تک مؤخر کیا، تو دم واجب ہوگا اور وہ رمی جو قضا ہوئی تھی اس کو ایام رمی میں کسی بھی دن کرنا لازم ہوگا، اگر ایامِ رمی میں قضا ہوئی اور اس رمی کو نہ کیا تو اب رمی کرنا ساقط ہوگیا اور صرف ایک دم لازم ہوگا۔

نوٹ: ۱۱، اور ۱۲ ذی الحجہ کو زوال سے قبل اگر کسی نے رمی کی تو رمی نہیں ہوگی، زوال کے بعد دوبارہ رمی کرے ورنہ دم لازم ہوجائے گا۔

مسئلہ: دیکھنے میں آیا ہے کہ بارہویں کے روز بعض معلّم اپنے حجاج کو زوال سے پہلے ہی رمی کرواکر مکہ مکرمہ روانہ کردیتے ہیں، حجاج کو چاہئے کہ ان کے کہنے پر عمل نہ کریں، ورنہ جیسا کہ پہلے لکھا گیا ہے ایسے لوگوں کی رمی نہیں ہوگی اور ان کو دم دینا لازم ہوجائے گا۔

فہرست

مسئلہ: اگر چوتھے روز یعنی ۱۳ ذِی الحجہ کو صبح صادق تک منٰی میں رہے تو تینوں جمرات کی رمی کرنا واجب ہوگا، تینوں جمرات پر رمی کرنے کا مسنون وقت زوال سے لے کر غروب تک ہے، زوال سے پہلے کا وقت مکروہ تنزیہی ہے۔

مسئلہ: ۱۱، ۱۲ ذِی الحجہ کو اور اگر منٰی میں ۱۳ ذِی الحجہ کو بھی رہے، تو کنکریاں اس ترتیب سے ماری جاتی ہیں، پہلے جمرۂ اُولٰی پر جو مسجد خیف کے قریب ہے، اس کے بعد جمرۂ وسطٰی یعنی بیچ والے پر اور آخر میں جمرۂ عقبہ پر یہ ترتیب سنّت ہے۔

مسئلہ: ۱۱، اور ۱۲ ذِی الحجہ کو اور ۱۳ ذِی الحجہ کو بھی اگر منٰی میں رہے تو جمرۂ اولٰی اور جمرۂ وسطٰی پر کنکریاں مارنے کے بعد مجمع سے ہٹ کر کم از کم اتنی دیر دعا مانگے جس میں ۲۰ آیتیں پڑھی جاسکتی ہیں، اس طرح دُعا کرنا سنت ہے اور قبلہ کی طرف منہ کر کے کھڑا ہونا سنّت ہے، لیکن جمرۂ عقبہ پر کنکریاں مارنے کے بعد کسی دن بھی

دُعا کے لئے ٹھہرنا سنّت نہیں ہے۔

مسئلہ: رمی میں کنکریاں پے در پے مارنا مسنون ہے، تاخیر اور کنکریوں میں وقفہ مکروہ ہے، اسی طرح ایک جمرہ کی رمی کے بعد، دوسرے جمرہ کی رمی میں علاوہ دُعا کے تاخیر کرنا بھی مکروہ ہے۔

مسئلہ: رمی کرنے کے لئے جمرہ کے پاس کھڑے ہوتے وقت، کِسی خاص رخ کی طرف کھڑا ہونا شرط نہیں ہے، جس طرف سے موقع ہو اس طرف سے رمی کرے۔

مسئلہ: رمی میں بغیر عذرِ شرعی کسی کو نائب یا وکیل بنانا جائز نہیں ہے، عذرِ شرعی کی صورت میں جائز ہے، عذرِ شرعی ایسی بیماری یا کمزوری ہے جس کی وجہ سے بیٹھ کر نماز پڑھنا جائز ہو، یا جمرات تک سوار ہو کر پہنچنے میں سخت تکلیف ہوتی ہو، یا مرض کی شدّت کا قوی اندیشہ ہو، یا پیدل چلنے پر قدرت نہ ہو اور سواری نہ ملتی ہو، ایسی عورت معذور ہے وہ اپنی طرف سے کسی دوسرے کو نائب

بنا کر رمی کرواسکتی ہے، جو خواتین اس تفصیل کے مطابق شرعاً معذور نہ ہوں ان کے لئے ہجوم کی کثرت کی وجہ سے رمی چھوڑ دینا، یا وکیل بنانا جائز نہیں ہے، خود رمی کرنا واجب ہے، اگر صرف ہجوم کی وجہ سے رمی نہیں کرے گی تو دم لازم ہوگا۔

واضح رہے کہ ایک دن کی رمی میں اس طرح کی کوتاہی ہو یا تینوں دنوں کی رمی میں، دم صرف ایک ہی واجب ہوگا۔

مسئلہ: فقہاء نے عورت اور بیمار اور ضعیف آدمی کے لئے ہجوم کے خوف کو عذر قرار دیتے ہوئے، ایسے لوگوں کے لئے اِن اوقات میں رمی کرنے کو درست اور جائز قرار دیا ہے، جن اوقات میں تندرست لوگوں کیلئے رمی کرنا مکروہ ہے، ہجوم اور ضعف اور مرض کی وجہ سے ان معذور لوگوں کے حق میں ان شاء اللہ کراہت نہیں ہوگی، وہ اوقات یہ ہیں۔

❶ ۱۰/ذی الحجہ کو طلوعِ آفتاب سے پہلے صبح صادق کے بعد

، یا غروبِ آفتاب کے بعد لیکن ۱۱ ذی الحجہ کی صبح صادق سے پہلے۔

❷ ۱۱/ ذی الحجہ کو غروبِ آفتاب کے بعد لیکن ۱۲ ذی الحجہ کی صبح صادق سے پہلے۔

❸ ۱۲/ ذی الحجہ کو مغرب سے پہلے منیٰ چھوڑنا ضروری نہیں ہے، ہاں منیٰ میں مغرب ہو جانے کی صورت میں منیٰ سے نکلنا مکروہ ہے، لیکن اگر کوئی بعد مغرب مکہ مکرمہ چلا گیا، تو کراہت کے ساتھ جائز ہے، اس لئے عورت، بیمار اور ضعیف آدمی کے لئے بہتر ہے کہ ۱۲ ذی الحجہ کو غروبِ آفتاب کے بعد اپنی رمی خود کرے اور پھر مکہ مکرمہ جائے، جیسا کہ پہلے لکھا جا چکا ہے، ان کے حق میں ان شاء اللہ کراہت نہیں ہوگی۔

مسئلہ: کنکریاں پھینکنے میں موالات (پے در پے) ہونا سُنّت مؤکدہ ہے، اس کے خلاف کرنا مکروہ ہے، اس لئے اگر کوئی

عورت کسی معذور کی طرف سے رمی کرے، تو اس کو چاہئے کہ رمی کے پہلے دن یعنی ۱۰ ذی الحجہ کو پہلے اپنی طرف سے جمرۂ عقبیٰ پر سات کنکریاں پھینکے اور پھر دوسرے کی طرف سے اس کی نائب بن کر سات کنکریاں مارے، باقی دنوں میں پہلے اپنی طرف سے تینوں جمرات پر سات، سات کنکریاں مارے، پھر معذور کی طرف سے تینوں جمرات پر ترتیب وار رمی کرے، تاکہ کنکریوں اور تینوں جمرات کے درمیان موالات (پے در پے) ترک نہ ہو، لیکن ان دنوں ہجوم بہت زیادہ ہو گیا ہے، اس لئے اگر تینوں جمروں پر اپنی طرف سے کنکریاں مار کر دوبارہ جمرۂ اولیٰ پر آنا اور معذور کی طرف سے کنکریاں مارنا مشکل ہو تو ہر جمرہ پر پہلے اپنی طرف سے اور پھر معذور کی طرف سے کنکریاں مارے، ہجوم کی کثرت کی وجہ سے افضل پر عمل نہ کرنے کی گنجائش ہے۔

مسئلہ: رمی کی راتوں میں رات کو منیٰ میں رہنا سُنّت ہے، منیٰ کے

علاوہ کسی اور جگہ رہنا مکروہ ہے، چاہے مکہ مکرمہ میں رہے یا راستہ میں، رات کا اکثر حصّہ بھی کسی دوسری جگہ گزارنا مکروہ ہے، لیکن طوافِ زیارت کے سلسلہ میں اگر مکہ مکرمہ یا راستہ میں زیادہ وقت لگ جائے تو مضائقہ نہیں، یہاں بھی نمازیں اہتمام سے ادا کریں، ذکر، دعا اور توبہ، استغفار زیادہ سے زیادہ کریں۔

نوٹ: جن حجاج کرام کے خیمے مزدلفہ میں ہوں جسے آج کل منٰی جدید (نیو منٰی) بھی کہتے ہیں ان حجاج کرام کو بھی چاہئے کہ رات کا کچھ حصہ منٰی میں گزاریں تاکہ کسی نہ کسی درجہ میں سنت ادا ہو جائے۔

مسئلہ: کنکر کا پھینکنا ضروری ہے، جمرہ (شیطان) کے اوپر رکھ دینا کافی نہیں۔

مسئلہ: ہاتھ سے رمی کرنا اگر کمان یا تیر سے وغیرہ سے رمی کی تو صحیح نہ ہوگی۔

فہرست

مسئلہ: کم عقل، مجنونہ، نابالغہ بچی اور بے ہوش عورت اگر بالکل رمی نہ کریں تو ان پر فدیہ واجب نہیں، البتہ اگر مریضہ رمی نہیں کرے گی تو رمی نہ کرنے کی جزا واجب ہوگی۔

مسئلہ: کنکری کا زمین کی جنس سے ہونا شرط ہے، کسی اور چیز سے رمی ادا نہیں ہوگی۔

قیام منیٰ اور قربانی

۱۰ دس ذی الحجہ کو جمرہ عقبیٰ (بڑے شیطان) کی رمی سے فارغ ہوکر شکر حج کی قربانی کریں۔

مسئلہ: حج کرنے والی عورت کے لئے دو قربانیاں ہیں، ایک قربانی وہ ہے جسے دم شکرانہ (حج کی قربانی) کہتے ہیں، یہ حج تمتع اور قران کرنے والی عورت پر واجب ہے اور حج افراد کرنے والی عورت کے لئے مستحب ہے، دوسری قربانی عید الاضحیٰ کی قربانی ہے، جو ہر سال کرنا واجب ہے، دوران سفر حج بقرعید کی قربانی کا

حکم یہ ہے کہ اگر عورت مسافرہ ہوتو واجب نہیں ہے، البتہ اگر کرے تومستحب اور ثواب ہے، اگر مقیمہ، صاحبِ نصاب ہے، تو اس پر واجب ہے، عیدالاضحیٰ یعنی بقرعید کی قربانی اپنے وطن میں بھی کرائی جاسکتی ہے، اس کے لئے حج پر روانہ ہونے سے پہلے اپنے گھر والوں کو ہدایت کرسکتے ہیں کہ بقرعید کی قربانی جیسے ہر سال ہوتی ہے اس سال بھی کرادینا، البتہ حج کی قربانی حدودِ حرم میں کرنا لازم ہے۔

نوٹ: جو عورتیں حج کے سفر کے دوران آنے والی عید الاضحیٰ کی قربانی اپنے وطن میں کرنا چاہیں، وہ اس بات کا ضرور لحاظ رکھیں کہ ان کی قربانی عید کے مشترکہ ایام میں کی جائے، یعنی جس دن ان کی قربانی کی جائے وہ دن سعودیہ عربیہ اور ان کے وطن میں عید کا دن ہو اگر سعودیہ میں عید ہے لیکن ان عورتوں کے وطن میں ابھی عید نہیں آئی یا ان کے وطن میں عید ہے لیکن سعودیہ میں عید ختم ہوچکی ہے تو ایسے دن اس عورت کی طرف سے قربانی کرنا ٹھیک

فہرست

نہیں ہو۔

مسئلہ: اس قربانی کے احکام، عیدالاضحیٰ کی قربانی کے جیسے ہی ہیں، جو جانور وہاں جائز ہے، یہاں بھی جائز ہیں اور جس طرح وہاں اونٹ گائے، بھینس میں سات آدمی شریک ہو سکتے ہیں، یہاں بھی شریک ہو سکتے ہیں۔

نوٹ: منیٰ میں چونکہ عیدالاضحی کی نماز نہیں ہوتی اس لئے وہاں ہدی اور قربانی کے ذبح کے لئے نماز عید کا پہلے ہونا شرط نہیں ہے۔

مسئلہ: حج کی قربانی کو دم شکر کہتے ہیں، اس کا گوشت خود بھی کھا سکتے ہیں اور تقسیم بھی کر سکتے ہیں، البتہ وہ دم جو کسی جنایت کی وجہ سے لازم آئے اس سے دم جبر کہتے ہیں، اس کا گوشت صدقہ کرنا ضروری ہے، خود استعمال کرنا جائز نہیں۔

مسئلہ: دم چاہے دم شکر ہو یا کسی جنایت کی وجہ سے لازم آیا ہو ، اسے حدود حرم میں ادا کرنا ضروری ہے اور منیٰ بھی حدود حرم میں

داخل ہے۔

مسئلہ: قارنہ اور متمتعہ کو قربانی کے وقت قران یا تمتع کی قربانی کی نیّت کرنا ضروری ہے ورنہ حج کی قربانی نہیں ہوگی، اگر کسی دوسرے کے ذریعہ قربانی کروائیں تو اسے بتادیں کہ قران یا تمتع کی نیّت کر کے قربانی کرے۔

مسئلہ: حضور صلی اللہ علیہ وآلہ وسلم نے اپنی اور اپنی تمام اُمّت کی طرف سے قربانی کی تھی، اس لئے اُمّت کو بھی چاہیے کہ اپنی قربانی کے ساتھ حضور صلی اللہ علیہ وآلہ وسلم کی طرف سے بھی ایک قربانی کیا کریں، جن کے پاس مالی گنجائش ہو اس کا خاص خیال رکھیں، بلکہ ہر ایکلو چاہیے کہ گنجائش پیدا کرے۔

قیام منیٰ اور سر کے بال کتروانا

مسئلہ: قربانی سے فارغ ہو کر سب سے پہلے اپنے سر کے بال کتروائیں۔

فہرست

مسئلہ: حج کرنے والی عورتوں کے لئے قصر کا منٰی میں کروانا سنّت ہے، قصر کرواتے ہوئے، قبلہ کی طرف منہ کرنا سنّت ہے۔

مسئلہ: مفردہ (حج افراد کرنے والے) پر قربانی مستحب ہے واجب نہیں، لیکن پہلے رمی کرنا اور پھر قصر کروانا واجب ہے۔

مسئلہ: متمتعہ اور قارنہ کے لئے واجب ہے کہ پہلے رمی کرے، پھر قربانی اور اس کے بعد قصر کروائے، ہوسکتا ہے کہ وہاں آپ کو کچھ لوگ ایسی کتاب یا ایسا فتویٰ دکھلائیں، جس میں لکھا ہے کہ ان تینوں کاموں میں سے کوئی کام بھی آگے پیچھے ہو جائے تو کوئی حرج نہیں ہے، ایسی باتوں پر دھیان نہ دیں اور نہ ہی بحث کریں، رسول اللہ صلّی اللہ علیہ وسلم نے اسی ترتیب سے ارکان ادا کئے تھے اور یہی ترتیب ضروری ہے، اس لئے اسی ترتیب کے مطابق ارکان ادا کریں۔

فہرست

مسئلہ: اگر کسی ادارہ یا شخص کے ذریعہ قربانی کروا رہے ہوں تو اعتماد اور یقین ہونا چاہئے کہ قربانی بتلائے ہوئے وقت پر ہوگئی ہے، ورنہ خلاف ترتیب ہونے کی وجہ سے دم لازم ہو جائے گا۔

مسئلہ: قصر کے بعد حج کرنے والی عورت کے لئے ممنوعات احرام کی پابندی ختم ہو جاتی ہے، یعنی خوشبو لگانا، ناخن کاٹنا، کسی بھی جگہ کے بال کاٹنا، یہ سب کام جائز ہو جاتے ہیں، البتہ میاں بیوی والے خاص تعلقات حلال نہیں ہوتے، وہ طوافِ زیارت کے بعد حلال ہوتے ہیں۔

مسئلہ: اگر حج کے تمام افعال سوائے قصر اور طواف زیارت کے ادا کر لئے ہیں تو خود اپنا قصر بھی کرسکتی ہیں اور دوسری عورتوں کا بھی ورنہ نہیں۔

فہرست

طوافِ زیارت

مسئلہ: رمی، قربانی اور بال کاٹنے کے بعد عام طور پر جو طواف کیا جاتا ہے، اسے طوافِ زیارت کہتے ہیں، طوافِ زیارت میں ترتیب واجب نہیں ہے، اس لئے رمی، قربانی اور بال کاٹنے سے پہلے یا بعد میں یا بیچ میں کرے تو بھی جائز ہے مگر خلافِ سنّت ہے، سُنّت یہ ہے کہ بال کاٹنے کے بعد طواف کرے۔

مسئلہ: اگر مِنٰی روانہ ہونے سے پہلے حج کی سعی نہیں کی تھی تو اس طواف کے بعد حج کی سعی بھی کرنی ہوگی، یہ طواف حج کا رکن ہے اور فرض ہے، دسویں کو کرنا افضل ہے اور بارہویں کے سورج غروب ہونے تک جائز ہے، اس کے بعد مکروہ تحریمی ہے۔

مسئلہ: طوافِ زیارت کا کوئی بدل نہیں ہے یعنی ہر حال میں کرنا ہوگا، اس لئے کہ یہ حج کا رکن ہے اور رکن کا بدل کوئی چیز نہیں ہوسکتی۔

فہرست

مسئلہ: جس عورت کو حیض آنے کا اندیشہ ہو اس کے لئے مناسب اور احتیاط اسی میں ہے کہ ایام نحر شروع ہوتے ہی یعنی دس ذی الحجہ کی صبح صبح سب سے پہلے طواف زیارت ادا کرلے تاکہ اگر ایام حیض شروع ہوجائیں تو مشکلات کا شکار نہ ہو۔

مسئلہ: اگر پہلے سے معلوم تھا کہ حیض آنے والا ہے اور ایام نحر کی ابتداء میں حیض آنے سے پہلے اتنا وقت مل گیا جس میں پورا طواف زیارت یا طواف کے اکثر (چار) چکر کرسکتی تھی لیکن کاہلی اور سستی کی وجہ سے نہیں کیا تو ایسی عورت اس سستی پر اللہ تعالیٰ سے توبہ واستغفار کرے اور ایک دم بھی دے۔

مسئلہ: اگر پہلے سے معلوم نہیں تھا کہ حیض آنے والا ہے اور ایام نحر کی ابتداء میں حیض آنے سے پہلے اتنا وقت مل گیا جس میں پورا طواف زیارت یا طواف کے اکثر (چار) چکر کرسکتی تھی لیکن کاہلی اور سستی کی وجہ سے نہیں کیا تو ایسی عورت اس سستی پر اللہ تعالیٰ

سے توبہ و استغفار کرے اور سوا دو کلو گندم یا اس کی قیمت صدقہ کرے۔

مسئلہ: اگر عورت ۱۲ بارہ ذی الحجہ کو غروب آفتاب سے اتنی دیر پہلے پاک ہوئی کہ اگر یہ غسل کر کے مسجد میں جاتی اور طواف زیارت شروع کر دیتی تو کل طواف زیارت یا اکثر (چار) چکر سورج غروب ہونے سے پہلے کر لیتی، لیکن غفلت اور سستی کی وجہ سے اس نے ایسا نہیں کیا تو ایسی عورت اپنی اس کوتاہی پر توبہ و استغفار کرے اور ایک دم بھی دے۔

مسئلہ: اگر عورت ۱۲ بارہ ذی الحجہ کو غروب آفتاب سے اتنی دیر پہلے پاک ہوئی کہ اگر یہ غسل کر کے مسجد میں جاتی اور طواف زیارت شروع کر دیتی تو طواف زیارت کے تین یا اس سے کم چکر سورج غروب ہونے سے پہلے کر لیتی، لیکن غفلت اور سستی کی وجہ سے اس نے ایسا نہیں کیا تو ایسی عورت اپنی اس کوتاہی پر توبہ و

استغفار کرے اور سوا دو کلو گندم یا اس کی قیمت صدقہ کرے۔

مسئلہ: اگر کسی عورت کو ایام نحر شروع ہونے سے پہلے (یعنی دس ذی الحجہ سے پہلے) ایام حیض شروع ہوئے اور ایام نحر گزرنے کے بعد (یعنی بارہ ذی الحجہ کی مغرب کے بعد) پاک ہوئی اور اس وجہ سے طواف زیارت کو اس کے وقت یعنی ایام نحر کے دوران ادا نہ کرسکی بلکہ ایام نحر گزرنے کے بعد (یعنی بارہ ذی الحجہ کی مغرب کے بعد) طواف زیارت ادا کیا تو اس تاخیر کی وجہ سے اس کے ذمہ کوئی چیز لازم نہیں۔

مسئلہ: اگر کسی عورت نے حیض ونفاس کے عذر کے بغیر پورا طواف زیارت یا طواف زیارت کا اکثر حصہ (یعنی چار چکر) تاخیر سے یعنی بارہ ذی الحجہ کی مغرب گزر جانے کے بعد ادا کیا تو یہ عورت تاخیر کرنے پر اللہ تعالیٰ سے توبہ واستغفار کرے اور اسے تاخیر کرنے کی وجہ سے ایک دم دینا ہوگا۔

فہرست

مسئلہ: اگر کسی عورت نے حیض و نفاس کے عذر کے بغیر طواف زیارت کے تین چکر یا اس سے کم چکر تاخیر سے یعنی بارہ ذی الحجہ کی مغرب گزر جانے کے بعد ادا کئے تو یہ عورت تاخیر کرنے پر اللہ تعالیٰ سے توبہ و استغفار کرے اور ہر چکر کے بدلے سوا دوکلو گندم یا اس کی قیمت صدقہ کرے۔

مسئلہ: اگر کسی عورت نے حیض یا نفاس کی حالت میں طواف زیارت پورا یا طواف زیارت کا اکثر (یعنی چار چکر) ادا کر دیا تو ایسی عورت کے لئے ضروری ہے کہ وہ ناپاکی کی حالت میں مسجد میں داخل ہونے اور طواف کرنے پر اللہ تعالیٰ سے توبہ و استغفار کرے اور اس طواف کو پاک ہو جانے کے بعد غسل کر کے لوٹائے اور اگر لوٹانا ممکن نہ ہو تو ایک بدنہ یعنی مکمل اونٹ یا گائے حدود حرم میں ذبح کروائے۔

مسئلہ: اگر کسی عورت نے حیض یا نفاس کی حالت میں طواف

فہرست

زیارت کرلیا اور اپنے وطن واپس آ گئی تب بھی اس پر واپس مکہ مکرمہ جانا اور طواف زیارت کو پاکی کی حالت میں لوٹانا واجب ہے، واپس جانے کی صورت میں میقات سے عمرہ کا احرام باندھ کر جائے، جب مکہ مکرمہ پہنچے تو پہلے عمرہ کا طواف کرے اور اس کے بعد طواف زیارت لوٹائے، اگر یہ عورت اپنے وطن جا کر واپس نہ آنا چاہے بلکہ حدود حرم میں ایک بدنہ یعنی ایک مکمل گائے یا اونٹ ذبح کروا دے تو بھی درست ہے۔

مسئلہ: اگر کسی عورت نے حیض کی حالت میں دس ذی الحجہ کو طواف زیارت ادا کیا پھر یہ عورت گیارہ یا بارہ ذی الحجہ کو پاک ہوگئی اور اس نے بارہ ذی الحجہ کی مغرب سے پہلے پہلے پاکی کی حالت میں طواف زیارت کو دوبارہ کر لیا تو اب یہ عورت نا پاکی کی حالت میں مسجد میں داخل ہونے پر اور طواف کرنے پر اللہ تعالیٰ سے توبہ و استغفار کرے لیکن اس کے ذمہ دم یا بدنہ واجب نہ ہوگا، دم اور

فہرست

بدنہ طواف زیارت کواس کے وقت میں دوبارہ ادا کرنے کی وجہ سے معاف ہوگیا۔

مسئلہ: اگر کسی عورت نے حیض کی حالت میں دس ذی الحجہ کو طواف زیارت ادا کیا پھر یہ عورت گیارہ یا بارہ ذی الحجہ کو پاک ہوگئی لیکن اس نے بارہ ذی الحجہ کی مغرب سے پہلے پہلے پاکی کی حالت میں طواف زیارت کو دوبارہ ادا نہ کیا بلکہ ایام نحر یعنی بارہ ذی الحجہ کی مغرب کے بعد طواف زیارت لوٹایا تو اب یہ عورت ناپاکی کی حالت میں مسجد میں داخل ہونے پر اور طواف کرنے پر اللہ تعالیٰ سے توبہ واستغفار کرے اور طواف زیارت میں تاخیر کی وجہ سے دم دے۔

مسئلہ: اگر کسی عورت نے حیض یا نفاس کی حالت میں طواف زیارت کے تین چکر یا اس سے کم ادا کئے تو تو ایسی عورت کے لئے ضروری ہے کہ وہ ناپاکی کی حالت میں مسجد میں داخل ہونے اور

طواف کرنے پر اللہ تعالیٰ سے توبہ و استغفار کرے اور طواف کے ان چکروں کو پاک ہو جانے کے بعد غسل کر کے لوٹائے اور اگر لوٹانا ممکن نہ ہو تو دم ادا کرے۔

مسئلہ: اگر کوئی عورت حیض و نفاس کے عذر کی وجہ سے پورا طواف زیارت یا طواف زیارت کا اکثر حصہ (یعنی چار چکر) چھوڑ کر اپنے وطن چلی گئی، تو اس پر فرض ہے واپس مکہ مکرمہ جائے اور پاکی کی حالت میں طواف زیارت ادا کرے، بغیر طواف زیارت ادا کئے یہ حج کے احرام سے حلال نہیں ہوگی نہ ہی اپنے شوہر کے لئے حلال ہوگی، مکہ مکرمہ واپس جاتے ہوئے اسے میقات سے نیا احرام باندھنا جائز نہ ہوگا بلکہ اس کا حج کا احرام باقی ہے، جب مکہ مکرمہ جا کر طواف زیارت ادا کرے گی اس وقت حج کے احرام سے حلال ہوگی، واضح رہے کہ طواف زیارت ہر حال میں کرنا ضروری ہے اس کا کوئی بدل نہیں۔

فہرست

مسئلہ: اگر کوئی عورت حیض و نفاس کے عذر کی وجہ سے طواف زیارت کے تین چکر یا تین سے کم چکر چھوڑ کر اپنے وطن چلی گئی ،تو اس پر واجب ہے کہ واپس مکہ مکرمہ جائے اور پاکی کی حالت میں طواف زیارت مکمل کرے،مکہ مکرمہ واپس جانے کی صورت میں اسے میقات سے عمرہ کا احرام باندھنا ہوگا،واپس آکر پہلے عمرہ ادا کرے پھر طواف زیارت کو مکمل کرے،اگر مکہ مکرمہ واپس نہ آئے اور حدود حرم میں ایک دم ذبح کروا دے تب بھی کافی ہوگا۔

مسئلہ: اگر کسی عورت کی حیض کی عادت مثال کے طور پر نو دن ہے اور حیض ایام نحر سے پہلے مثلاً ۸ آٹھ ذی الحجہ کو شروع ہوا اور خلاف عادت ایک دن یا تین دن کے بعد خون آنا بند ہوگیا تو اس عورت پر واجب ہے کہ ۱۲ بارہ ذی الحجہ کے سورج غروب ہونے سے اتنی دیر پہلے تک انتظار کرے جتنی دیر میں طواف زیارت کرسکتی ہے،انتظار کے بعد اگر خون نظر آجائے تو ایام عادت یعنی

۹ نو دن پورے کرے اور جب مکمل پاک ہو جائے تب طواف زیارت ادا کرے۔

مسئلہ: اگر کسی عورت کی حیض کی عادت مثال کے طور پر نو دن ہے اور حیض ایام نحر سے پہلے مثلاً ۸ آٹھ ذی الحجہ کو شروع ہوا اور خلاف عادت ایک دن یا تین دن کے بعد خون آنا بند ہو گیا تو اس عورت پر واجب ہے کہ ۱۲ بارہ ذی الحجہ کے سورج غروب ہونے سے اتنی دیر پہلے تک انتظار کرے جتنی دیر میں طواف زیارت کر سکتی ہے، انتظار کے بعد اگر خون نظر نہ آئے تو طواف زیارت ادا کرلے لیکن اتنی بات واضح رہے کہ طواف زیارت کر لینے کے بعد اس طواف کے کافی ہو جانے کے لئے یہ ضروری ہے کہ خون بند ہونے کے وقت سے مکمل پندرہ دن تک پاکی رہے، لہٰذا اگر اس طواف کے کر لینے کے بعد اگر ایام عادت میں پھر خون آ گیا تو یہ مذکورہ طواف کافی شمار نہیں ہوگا بلکہ اس عورت پر واجب

ہوگا کہ وہ مکمل پاک ہونے کے بعد اس طواف کو دوبارہ کرے اگر مذکورہ صورت میں دوبارہ طواف نہ کیا تو ایک بدنہ یعنی مکمل اونٹ یا مکمل گائے حدودِ حرم میں ذبح کروانا ہوگا۔

مسئلہ: اگر طوافِ زیارت ۱۲ ذی الحجہ کے غروب کے بعد کیا تو تاخیر کی وجہ سے دم دینا ہوگا اور بلا عذر تاخیر کی وجہ سے گناہ گار بھی ہوگا۔

مسئلہ: اگر کسی نے طوافِ زیارت نہیں کیا تو اس کے لئے مرد (شوہر) حلال نہیں ہوگا، چاہے کتنا ہی طویل عرصہ ہو جائے۔

مسئلہ: اگر طوافِ زیارت سے پہلے اور وقوفِ عرفہ کے بعد جماع کر لیا تو اگر جماع بال کاٹنے سے پہلے کیا ہے، تو اس پر اونٹ یا گائے لازم ہے اور اگر جماع بال کاٹنے کے بعد کیا ہے تو بکری لازم ہوگی، البتہ حج فاسد نہیں ہوگا لیکن طوافِ زیارت پھر بھی کرنا ہوگا، طوافِ زیارت ساقط نہیں ہوگا۔

فہرست

مسئلہ: اگر کوئی عورت طوافِ زیارت ادا کرنے سے پہلے مر جائے اور حج پورا کرنے کی وصیّت کر جائے، تو طوافِ زیارت کے بدلے ''بدنہ'' یعنی اونٹ یا گائے بطور دم ذبح کرنا واجب ہے اور اس کی طرف سے طواف زیارت بھی کیا جائے گا۔

نوٹ: طوافِ زیارت کر کے پھر مکہ مکرمہ سے مِنٰی واپس آجائے، رات کو مِنٰی میں رہنا سنّت ہے، مِنٰی کے علاوہ کسی اور جگہ رات کو رہنا مکروہ ہے، لیکن طوافِ زیارت کے سلسلہ میں اگر مکہ مکرمہ یا راستہ میں زیادہ وقت لگ جائے تو مضائقہ نہیں۔

۱۱ ذی الحجہ

آج کا دن بھی مِنٰی میں ہی گزارنا ہے اور آج تینوں جمرات کی رمی کرنی ہے، رمی کا وقت زوال آفتاب کے بعد شروع ہوگا، سب سے پہلے جمرہ اولی کی رمی کی جائے گی جو مسجد خیف کے سب سے قریب ہے، اس کے بعد جمرہ وسطی کی اور اخیر میں جمرہ

عقبیٰ کی رمی کی جائے گی۔

نوٹ: جمرہ اولیٰ اور جمرہ وسطیٰ میں سے ہر ایک کی رمی کرنے کے بعد راستے سے ایک طرف ہٹ جائیں اور قبلہ رخ ہوکر دعا مانگیں، البتہ جمرہ عقبیٰ کی رمی کے بعد دعا نہ مانگی جائے۔

آج رات بھی منٰی ہی میں قیام کرنا ہے۔

نوٹ: گیارہ اور بارہ ذی الحجہ کو رمی کا وقت زوال کے بعد شروع ہوتا ہے اگر کسی نے زوال سے پہلے رمی کرلی تو رمی ادا نہ ہوگی دوبارہ کرنا لازم ہے، دوبارہ نہ کرنے کی صورت میں دم دینا ہوگا۔

۱۲ذی الحجہ

آج کا دن بھی منٰی میں ہی گزارنا ہے اور آج بھی تینوں جمرات کی رمی کرنی ہے، رمی کا وقت زوال آفتاب کے بعد شروع ہوگا، سب سے پہلے جمرہ اولیٰ کی رمی کی جائے گی جو مسجد خیف کے سب سے قریب ہے، اس کے بعد جمرہ وسطی کی اور اخیر

میں جمرہ عقبیٰ کی رمی کی جائے گی۔

نوٹ: جمرہ اولیٰ اور جمرہ وسطیٰ میں سے ہر ایک کی رمی کرنے کے بعد راستے سے ایک طرف ہٹ جائیں اور قبلہ رخ ہو کر دعا مانگیں، البتہ جمرہ عقبیٰ کی رمی کے بعد دعا نہ مانگی جائے۔

نوٹ: گیارہ اور بارہ ذی الحجہ کو رمی کا وقت زوال کے بعد شروع ہوتا ہے، اگر کسی نے زوال سے پہلے رمی کر لی تو رمی ادا نہ ہوگی دوبارہ کرنا لازم ہے، دوبارہ نہ کرنے کی صورت میں دم دینا ہوگا۔

غروب آفتاب سے پہلے منیٰ سے روانہ ہو جائیں، غروب کے بعد منیٰ سے جانا مکروہ ہے اور اگر ۱۳ ذی الحجہ کی صبح صادق منیٰ میں رہتے ہوئے ہوگئی تو پھر ۱۳ ذی الحجہ کی رمی بھی واجب ہو جائے گی۔

فہرست

۱۳ ذی الحجہ

اگر ۱۳ ذی الحجہ کی صبح صادق منیٰ میں رہتے ہوئے ہوگئی تو پھر ۱۳ ذی الحجہ کی رمی بھی واجب ہوجائے گی اور یہ بھی اسی طرح ادا ہوگی جس طرح ۱۲ ذی الحجہ کی ادا کی گئی تھی، ۱۳ ذی الحجہ کی رمی کا وقت زوال سے غروب آفتاب تک ہے۔

حج الحمد للہ مکمل ہوگیا، اب حج کے واجبات میں سے صرف ایک واجب طواف وداع باقی رہ گیا، گھر روانہ ہونے سے پہلے اس واجب کو بھی ادا کرلیں اور واپسی تک جو وقت باقی رہ گیا ہے اس کو غنیمت جانیں اور خوب عبادات، طواف اور نوافل میں مشغول رہیں۔

مسائل طواف وداع

مسئلہ: طواف وداع آفاقیہ پر واجب ہے، خواہ حج افراد کیا ہو یا قران یا تمتع بشرطیکہ عاقلہ، بالغہ ہو، معذور نہ ہو۔

فہرست

اہل حرم، اہل میقات، مجنونہ، نابالغہ اور جس عورت کو حیض یا نفاس آ جائے، پر واجب نہیں۔

مسئلہ: اگر حیض یا نفاس آنے کی وجہ سے کوئی عورت طواف وداع ادا نہ کر سکے تو اس پر کچھ لازم نہیں آتا۔

مسئلہ: اگر حیض و نفاس کے عذر کے بغیر کوئی عورت مکمل طواف وداع نہ کرے تو اس پر دم لازم آتا ہے، اور اگر تین یا تین سے کم چکر چھوڑ دے تو ہر چکر کے بدلے سوا دو کلو گندم یا اس کی قیمت صدقہ کرے۔

مسئلہ: طواف وداع مکی حلی اور میقاتی کے لئے مستحب ہے۔

مسئلہ: طواف وداع کا اوّل وقت طواف زیارت کے بعد ہے، اگر کسی نے سفر کا ارادہ کیا اور طواف وداع کر لیا پھر اس کے بعد قیام ہو گیا تو طواف وداع ادا ہو گیا۔

مسئلہ: طواف وداع کا آخر وقت معین نہیں، جس وقت چاہے

کرے، اگر سال بھر مکہ مکرمہ میں قیام کرنے کے بعد بھی کرے گی، تب بھی ادا ہو جائے گا قضاء نہ ہوگا، البتہ مستحب یہ ہے کہ تمام کاموں سے فارغ ہو کر طواف کرے اور اس کے بعد فوراً سفر شروع کر دے۔

مسئلہ: طواف وداع کے بعد قیام ہو گیا تو پھر واپسی کے وقت دوبارہ طواف وداع مستحب ہے۔

مسئلہ: حائضہ عورت اگر مکہ مکرمہ کی آبادی سے نکلنے سے پہلے پاک ہو جائے تو اس کو واپس آ کر طواف وداع کرنا واجب ہے اور اگر آبادی سے نکلنے کے بعد پاک ہوئی، تو واجب نہیں۔

مسئلہ: جو عورتبلا طواف وداع کے مکہ مکرمہسے چل دے، تو جب تک میقات سے نہ نکلی ہو، اس پر مکہ مکرمہ واپس آ کر طواف کرنا واجب ہے، احرام کی ضرورت نہیں اگر میقات سے باہر نکل گئ تو اب اس کو اختیار ہے کہ دم بھیج دے اور چاہے تو عمرہ کا احرام

باندھ کر واپس آئے اور اول عمرہ کرے اس کے بعد طواف وداع کرے لیکن بہتر یہ ہے کہ دم بھیج دے کیونکہ اس میں مساکین کا نفع ہے۔

مسئلہ: طواف قدوم یا طواف وداع یا طواف زیارت کے لئے خاص طور سے نیت کرنا شرط نہیں ہے کہ فلاں طواف کرتی ہوں بلکہ اس طواف کے وقت میں صرف طواف کی نیت کافی ہے، مثلاً مکہ مکرمہ میں داخل ہونے کے وقت اگر طواف کیا تو طواف قدوم ادا ہو جائے گا، اسی طرح ایام نحر میں طواف کرنے سے طواف زیارت ادا ہو جائے گا اور واپسی کے وقت طواف کرنے سے طواف وداع ادا ہو جائے گا، طواف زیارت کے بعد اگر نفل طواف کر چکی ہے تو وہ بھی طواف وداع کے قائم مقام ہو جائے گا۔

مسئلہ: طواف وداع کرتے ہوئے، زیادہ سے زیادہ رنج و غمگی

کیفیت اپنے دِل میں پیدا کی جائے اور اللہ نصیب فرمادے تو روتے ہوئے دِل اور بہتی ہوئی آنکھوں کے ساتھ طواف کیا جائے ،ملتزم اور مقامِ ابراہیم پر بھی دُعا کے وقت دِل میں یہ فکر ہو کہ معلوم نہیں کہ اس کے بعد ان مقدس مقامات پر اللہ کے حضور میں ہاتھ پھیلانے کی سعادت کبھی میّسر آئے گی یا نہیں۔

مسئلہ: طواف وداع کے بعد حجر اسود کا استلام کرے اور اگر ہو سکے تو باب وداع سے بیت اللہ کی طرف حسرت کی نگاہ سے دیکھتی ہوئی اور روتی ہوئی مسجد سے باہر نکلے اور دروازے پر کھڑے ہو کر بھی دعا مانگے۔

مسئلہ: طواف وداع کے بعد مسجد حرام میں جانا، نمازیں ادا کرنا، موقع ہو تو دوبارہ طواف کرنا نفلی عمرے کرنا جائز ہے، طواف وداع کے بعد موقع ملنے کے باوجود حرم شریف کی حاضری سے اپنے آپ کو محروم رکھنا سراسر جہالت ہے۔

فہرست

مسئلہ: عورت اگر حالت حیض یا نفاس میں ہو اور مکہ مکرمہ سے واپسی کا وقت اسی حالت میں آجائے تو اس کے لئے طواف وداع کرنا واجب نہیں، البتہ مسجد کے دروازے پر آکر دعا مانگے اور مکہ مکرمہ اور بیت اللہ کی جدائی پر آنسو بہاتے ہوئے مکہ مکرمہ سے واپس آئے۔

چند ضروری مسائل

مسئلہ: بعض عورتیں حج یا عمرہ کے لئے بغیر محرم اور بغیر شوہر کے چل دیتی ہیں، اس طرح حج یا عمرہ کے لئے جانا ناجائز اور گناہ ہے۔

مسئلہ: جس عورت پر حج فرض ہو جائے لیکن ساتھ جانے کیلئے محرم نہ ملتا ہو تو حج کا ارادہ محرم ملنے تک مؤخر کردے، بغیر محرم کے سفر نہ کرے، عمر بھر محرم نہ ملے تو حج بدل کی وصیت کرنا واجب ہے۔

مسئلہ: عدت والی عورت کیلئے ایام عدت میں حج کا سفر جائز نہیں۔

فہرست

مسئلہ: عورتوں کے احرام کا لباس ان کے روزمرہ کے استعمال کا سادہ لباس ہے، موزوں اور دستانوں کا نہ پہننا بہتر ہے۔

مسئلہ: سر کا ڈھانکنا اور چہرے کا پردہ جس طرح عام حالات میں لازم ہے اسی طرح حالت احرام میں بھی لازم ہے، لیکن حالت احرام میں اس بات کا خیال رکھے کہ سر ڈھانپتے ہوئے یا پردہ کرتے ہوئے، کپڑا چہرے کو نہ لگے۔

مسئلہ: وضو کرتے ہوئے سر کا مسح سر پر بندھے ہوئے کپڑے پر کرنے سے ادا نہیں ہوگا بلکہ کپڑا ہٹا کر بالوں پر مسح کرنا ضروری ہے۔

مسئلہ: عورتیں تلبیہ بلند آواز سے نہ پڑھیں بلکہ آہستہ آواز میں پڑھیں۔

مسئلہ: اگر مردوں کا ہجوم زیادہ ہو تو بیت اللہ سے دور رہ کر طواف کریں، مردوں کے ساتھ مخلوط ہو کر طواف نہ کریں۔

فہرست

مسئلہ: ایسے وقت میں طواف شروع کریں کہ نماز کی جماعت شروع ہونے سے اتنی دیر پہلے فارغ ہوجائیں کہ نماز کے لئے عورتوں کے مجمع میں پہنچ جائیں۔

مسئلہ: بعض خواتین کو ہر مہینے حیض نہیں آتا بلکہ دو تین ماہ بعد آتا ہے ایسی عورت اگر احرام باندھ کر عمرہ کے لئے چلی گئی اور خلاف عادت اسے خون آگیا اور پچھلے حیض اور اس خون آنے کے درمیان پندرہ دن یا اس سے زیادہ وقفہ ہو چکا ہے اور اس عورت نے ابھی تک عمرہ کا طواف نہیں کیا تو اب اس کے لئے طواف کرنا جائز نہیں جب خون بند ہوجائے اور مکمل پاکی حاصل ہوجائے اس کے بعد طواف کرے اور عمرہ مکمل کر کے احرام سے حلال ہو اس وقت تک مذکورہ عورت احرام ہی میں رہے گی۔

مسئلہ: کسی عورت کی حیض کی عادت مثلاً چھ دن ہے اس کو مکہ مکرمہ پہنچتے ہی (عمرہ کا طواف کرنے سے پہلے) حیض شروع ہوا لیکن

فہرست

خلاف عادت تین یا چار دن کے بعد خون آنا بند ہوگیا تو اس عورت کے لئے چھ دن پورے ہونے سے پہلے طواف کرنا جائز نہیں، البتہ خون بند ہونے کے بعد غسل کرلے اور وقت پر نمازیں پڑھنے کا اہتمام کرے، جب عادت کے چھ دن گزر جائیں اس کے بعد غسل کرکے طواف کرے اور عمرہ کے افعال پورے کرے۔

مسئلہ: کسی عورت کی حیض کی عادت مثلاً آٹھ دن ہے ایک دن خون آکر بند ہوگیا تو اس عورت کے لئے جائز نہیں کہ عادت کے آٹھ دن گزرنے سے پہلے طواف کرے، جب آٹھ دن پورے ہوجائیں تو غسل کرکے طواف کرے اور عمرہ کے افعال پورے کرے۔

مسئلہ: دوران طواف حیض شروع ہوگیا تو فوراً طواف چھوڑ کر مسجد سے باہر آجائے پاک ہوجانے کے بعد اس طواف کو دوبارہ

خواتین حج کیسے کریں

کرلے۔

مسئلہ: اگر عمرہ کا طواف مکمل کرنے کے بعد یا اکثر طواف کر لینے کے بعد حیض شروع ہوگیا تو اس عورت کے لئے جائز ہے کہ اسی حالت میں سعی کرلے، اب اگر طواف مکمل کر چکی ہے تو عمرہ کے افعال مکمل کرلے کے احرام سے حلال ہوجائے اور اگر طواف کے کچھ چکر باقی ہیں تو پاک ہونے کا انتظار کرے اور پاک ہونے کے بعد طواف مکمل کرے پھر باقی افعال (یعنی قصر) کرکے احرام سے حلال ہوجائے۔

مسئلہ: طواف زیارت اگر حیض یا نفاس کی حالت میں کیا اور اسے پاک ہونے کے بعد لوٹایا نہیں تو ایک بدنہ واجب ہوتا ہے جبکہ طواف عمرہ میں مذکورہ صورت کی وجہ سے بدنہ کا ساتواں حصہ یا بکرا لازم آتا ہے۔

مسئلہ: طواف کے بعد مقام ابراہیم پر مردوں کا ہجوم ہو تو حرم میں

فہرست

کسی اور جگہ طواف کی دو رکعت ادا کریں۔

مسئلہ: سعی کے دوران سبز ستونوں کے درمیان دوڑ نہ لگائیں، بلکہ درمیانی چال چلیں۔

مسئلہ: احرام سے فارغ ہونے کے وقت تمام سر یا چوتھائی سر کے بالوں کو انگلی کے ایک پورے کے برابر کاٹ لیں۔

مسئلہ: گھر سے روانگی کے وقت عورت اگر ایام سے ہو، تو احرام کی نیت سے غسل کرلے، اس غسل سے پاکی حاصل نہ ہوگی اور اگر غسل نقصان دہ ہو تو وضو کر کے احرام کی نیت کرلے، احرام کے نفل نہ پڑھے، بلکہ قبلہ رو ہو کر صرف دعا مانگ لے۔

مسئلہ: احرام باندھنے کے بعد اگر ایام شروع ہو جائیں تو اس سے احرام ختم نہیں ہوتا لیکن اس حالت میں مسجد میں جانا اور طواف کرنا جائز نہیں، پاک ہو جانے کے بعد ارکان ادا کرے اور اس کے بعد سر کے بال کاٹ کر احرام سے حلال ہوگی۔

فہرست

مسئلہ: اگر مکہ مکرمہ میں قیام کے دوران ایام شروع ہوجائیں تو اس حالت میں مسجد میں نہ جائے اور اپنا وقت ذکر ودعا میں گزارے۔

مسئلہ: اگر ایام کی حالت میں ۸ ذی الحجہ آجائے تو اسی حالت میں حج کا احرام باندھے اور تلبیہ پڑھے اور منیٰ روانہ ہوجائے، منیٰ، عرفات اور مزدلفہ میں نمازیں نہ پڑھے، بلکہ تسبیح و تہلیل، ذکر ودعا میں مشغول رہے۔

مسئلہ: ۱۰ ذی الحجہ کو رمی، قربانی اور سر کے بال کاٹنے کے بعد بھی پاک نہ ہوئی ہو تو طواف زیارت کو مؤخر کرے، اگر اس عذر کی وجہ سے طواف زیارت اپنے مقررہ وقت سے مؤخر بھی ہوگیا تو دم لازم نہیں ہوگا، لیکن یہ بات یاد رہے کہ جب تک طواف زیارت ادا نہیں ہوگا، حج مکمل نہیں ہوگا اور اپنے شوہر کیلئے حلال بھی نہیں ہوگی اور نہ ہی طواف زیارت کا کوئی بدل ہے۔

فہرست

مسئلہ: اگر دوران طواف ایام شروع ہو جائیں اور اس طواف کے بعد سعی بھی کرنی ہو، تو طواف اور سعی دونوں ہی نہ کرے، بلکہ پاک ہونے کے بعد کرے۔

مسئلہ: اگر طواف مکمل ہونے کے بعد ایام شروع ہو جائیں اور اس طواف کے بعد سعی کرنی ہو تو اب سعی کر لے، کیونکہ سعی کیلئے پاک ہونا ضروری نہیں اور سعی کی جگہ مسجد کا حصہ نہیں۔

مسئلہ: اگر ایام کی وجہ سے طواف زیارت نہیں کیا اور واپسی کا وقت آ گیا، تو اپنی واپسی مؤخر کر دے، کیونکہ طواف زیارت کا کوئی بدل نہیں اور طواف زیارت کے بغیر حج مکمل نہیں ہوتا۔

مسئلہ: اگر ایام کی وجہ سے طواف وداع نہیں کیا اور واپسی کا وقت آ گیا تو طواف وداع کا چھوڑ دینا اس عذر کی وجہ سے جائز ہے اور اس عذر کی وجہ سے دم بھی لازم نہ ہوگا۔

مسئلہ: عورتوں کے لئے گھر میں نماز پڑھنا افضل ہے۔

فہرست

مسئلہ: گھر سے روانگی کے وقت عورت اگر ایام سے ہو،تو اس کا سفر شمار نہیں ہوگا مثال کے طور پر ایک عورت کراچی سے ایام کی حالت میں مکہ مکرمہ روانہ ہوئی تو یہ عورت مسافر شمار نہیں ہوگی مکہ مکرمہ پہنچنے کے بعد پاک ہو جانے کی صورت میں بھی یہ عورت مکہ مکرمہ میں مقیمہ ہی شمار ہوگی اور اپنی نمازیں پوری ادا کرے گی البتہ اڑتالیس ۴۸ میل تقریباً اٹھتر ۷۸ کلومیٹر کے سفر کی نیت سے مکہ مکرمہ کی حدود سے نکلتے ہی اس عورت پر مسافروں والے احکام لاگو ہو جائیں گے۔

مسائل تمتع

مسئلہ: متمتعہ (حج تمتع کرنے والی عورت) پر دم شکر ادا کرنا واجب ہے، ۱۰ ذی الحجہ کو جمرہ عقبیٰ کی رمی کرنے کے بعد دم شکر کا جانور ذبح کرے گی۔

مسئلہ: متمتعہ ۸ ذی الحجہ کو حج کا احرام باندھے ، حدود حرم

میں جہاں سے چاہے احرام باندھ سکتی ہے، مسجد حرام اور مسجد حرام میں حطیم میں باندھنا افضل ہے۔

مسئلہ: متمتعہ اگر آٹھویں تاریخ کو احرام باندھ کر حج کی سعی پہلے ہی سے کرنا چاہے تو ایک نفلی طواف کرنے کے بعد سعی کرے حج کی سعی ادا ہو جائے گی۔

مسئلہ: اگر کسی نے حج کے مہینوں (یکم شوال تا ۱۰ ذی الحجہ) میں عمرہ کیا اور اپنے اصلی وطن (گھر) واپس نہ آئی تو اب ایسی عورت حج تمتع ہی کر سکتی ہے، حج افراد یا قران نہیں کر سکتی، لہٰذا وہ عورتیں جو عمرہ کرنے کے بعد مدینہ منورہ چلی جاتی ہیں، مدینہ منورہ سے واپسی پر ان کا حج تمتع ہی کہلائے گا چاہے وہ مدینہ منورہ سے واپسی پر عمرے کا احرام باندھ کر آئیں یا صرف حج کا۔

مسئلہ: حج تمتع کرنے والی عورت کیلئے عمرے کے بعد ایام حج سے پہلے بجائے عمرے کے طواف کرنا افضل ہے۔

فہرست

نعت رسول مقبول صلی اللہ علیہ وسلم

(از سعد عبدالرزاق)

محمد صلی اللہ علیہ وآلہ وسلم محمد صلی اللہ علیہ وآلہ وسلم محمد صلی اللہ علیہ وآلہ وسلم محمد صلی اللہ علیہ وآلہ وسلم

ہے کتنا پیارا یہ نام محمد صلی اللہ علیہ وآلہ وسلم

لبوں نے لئے ایک دوجے کے بوسے

لیا جب کسی نے بھی نام محمد صلی اللہ علیہ وآلہ وسلم

یس صلی اللہ علیہ وآلہ وسلم طٰہٰ صلی اللہ علیہ وآلہ وسلم مزمل صلی اللہ علیہ وآلہ وسلم مدثر صلی اللہ علیہ وآلہ وسلم

ہے اعلی وارفع مقام محمد صلی اللہ علیہ وآلہ وسلم

عرش پر ہیں احمد فرش پر محمد صلی اللہ علیہ وآلہ وسلم

ہے سب سے ہی بالا مقام محمد صلی اللہ علیہ وآلہ وسلم

بڑھا اس سے آگے تو جل جاؤں گا میں

کہا جبریل نے اے پیارے محمد صلی اللہ علیہ وآلہ وسلم

فہرست

خود سے آگے بڑھے پہنچے قصر دنا کو

رب سے باتیں کریں میرے پیارے محمد صلی اللہ علیہ وآلہ وسلم

روز محشر چھپا لینا دامن میں مجھ کو

اور دے دینا مجھ کو پناہ محمد صلی اللہ علیہ وآلہ وسلم

سعد ان کی ثناء کا کہاں حوصلہ ہے

کیسے کر پاؤں گا میں ثناء محمد صلی اللہ علیہ وآلہ وسلم

دوستوں کی ہے خواہش نعت ان کی لکھوں میں

جن کا مدح سرا خود ہے رب محمد صلی اللہ علیہ وآلہ وسلم

فہرست

مدینہ منورہ کا سفر

(از سید رضی الدین احمد فخری صاحب نور اللہ مرقدہ)

اَللّٰهُمَّ صَلِّ عَلٰى سَيِّدِنَا مُحَمَّدٍ مَعْدَنِ الْجُوْدِ وَالْكَرَمِ مَنْبَعِ الْحِلْمِ وَالْحِكَمِ وَعَلٰى اٰلِهٖ وَاَصْحَابِهٖ وَبَارِكْ وَسَلِّمْ

دوستو آؤ ہم بھی مدینے چلیں
لوٹنے رحمتوں کے خزینے چلیں
اُن کی ہر بات پر، اُن کی ہر بات میں
چلو مرنے چلیں، چلو جینے چلیں

اور کسی نے کیا خوب کہا ہے:

با خدا دیوانہ باش و با محمد صلّی اللہ علیہ وسلّم ہوشیار

ہے کوئی اللہ کا بندہ جو نبی کریم صلّی اللہ علیہ وسلّم کا حق ادا کر سکے

اس دنیا میں جو بھی پیدا ہوتا ہے، پیدائش کے وقت کم وبیش سات آٹھ پونڈ تو وزن ضرور ہوتا ہوگا، اللہ اکبر آٹھ پونڈ کیا کسی کو اب بھی یقین نہیں آئے گا کہ ہماری محترمہ والدہ صاحبہ نے ہمارے لئے کتنی تکلیفیں اُٹھائی ہوں گی، پھر تمام عمر اسی طرح ہماری پرورش اور دیکھ بھال میں کیسا کچھ غم اور مصیبتیں نہ برداشت کی ہوں گی، سچ بتائیے......! ہے کوئی مائی کا لعل جو اپنی ماں کا حق ادا کر سکے؟ نہیں، ہرگز نہیں۔

اسی نکتہ پر ذرا سنجیدگی سے غور کر کے بتائیے، ہے کوئی اپنے پیارے نبی صلّی اللہ علیہ وسلّم کا لاڈلا جو سرکار دو عالم، فخر موجودات، رحمۃ للعالمین صلی اللہ علیہ وسلم کا حق ادا کر سکے؟ کون انکار کر سکتا ہے کہ ارب، با، ارب بے شمار ماؤں سے بڑھ کر ہمارے آقا و مولا صلی اللہ علیہ وسلم نے ہمارے لئے، کتنی تکلیفیں

برداشت کی ہیں اور ہم کو پروان چڑھایا، اب ہمارا نصیبا جاگا ہے اور ہم سب کو حضور پاک صلی اللہ علیہ وسلم کی خدمت اقدس میں روضۂ اطہر پر حاضری کے لئے بلایا جا رہا ہے اور ہم اپنی ان جیتی جاگتی آنکھوں کے سامنے اپنے اس گوشت پوست کے ساتھ باعث تخلیق کائنات محبوب رب العالمین صلی اللہ علیہ وسلم کی آغوشِ شفقت میں پہنچ رہے ہیں۔

رسول اللہ صلی اللہ علیہ وسلم نے کیسی کیسی تکالیف اُمّت کے لئے جھیلی ہیں کہ اللہ کی پناہ! ہائے ہائے، تکلیف! ایسی ویسی تکلیف جھیلی ہے کہ خدا کی پناہ! ایک دو سال نہیں، شروع سے آخری سانس تک، کبھی اونٹ کی اوجھڑی ڈال دی گئی جبکہ آپ صلی اللہ علیہ وسلم حالت نماز میں حطیم کے اندر تھے، کبھی راستے میں کانٹے بچھائے جاتے تھے، طائف میں پتھر مارے، قدم مبارک کو اتنا لہولہان کر دیا کہ نعلین مبارک سے قدم مبارک کو

نکالنا مشکل ہو گیا تھا، اُحد میں دندان مبارک شہید کئے گئے، کفّار مکہ نے تین سال تک ہر طرح سے مقاطعہ (بائیکاٹ) کر رکھا تھا، پیٹ پر پتھر باندھے، دنیا سے پردہ فرماتے وقت گھر میں چراغ جلانے کے لئے تیل تک نہ تھا، یہ سب کیوں اور کس کے لئے برداشت فرمایا، صرف اور صرف ہمارے لئے اپنی امت کے لئے۔

کیا یہ سب کسی اور کے لئے تھا...... نہیں ہرگز نہیں اور آج اُمّت کیا صلہ دے رہی ہے آپ کو، ہم کو اور سب کو معلوم ہے۔

نبی پاک صلی اللہ علیہ وسلم ہمیشہ ہمیشہ کے لئے رحمۃ للعالمین ہیں۔

دیکھئے اور سمجھئے......! روضۂ اطہر پر پہنچنے سے قبل سُنی سنائی رسمی بے سند بحث مباحثہ سے اپنے آپ کو بچایئے گا، خدانخواستہ بے حرمتی یا بے ادبی کا ارتکاب نہ ہو جائے۔

با خدا دیوانہ باش و با محمد صلی اللہ علیہ وسلم ہوشیار

فہرست

عقائد کو شریعت کے مطابق صحیح نہج پر رکھئے گا، حضور اقدس صلّی اللہ علیہ وسلّم کی حیاتِ طیبہ کی بحث میں نہ پڑیئے گا، کم از کم ہمارا علم تحقیقی نہیں ہے، بلکہ تقلیدی ہے، یہ علماء جانیں جن کا یہ کام ہے، ہم تو صرف اتنا جانتے ہیں خالق' خالق ہے، مخلوق، مخلوق ہے، خالق مخلوق نہیں ہوسکتا اور مخلوق، خالق نہیں بن سکتی، بس اللہ اللہ خیر سلاّ۔

چودہ سو سال سے تواتر کے ساتھ مشاہدات اور تجربات شاہدِ عدل ہیں اور احادیث موجود ہے کہ مواجہۂ شریف پر پہنچ کر جو بھی سلام پیش کرتا ہے، حضور اقدس صلی اللہ علیہ وسلم بنفس نفیس اس سلام کی سماعت فرماتے ہیں اور جواب بھی عطا فرماتے ہیں۔

کہا جاتا ہے کہ جس نے روضۂ اقدس پر پہنچ کر زیارت کی، اس نے گویا حضور اقدس صلی اللہ علیہ وسلم کی زندگی میں زیارت کی، یہ بھی قول فیصل ہے کہ جس نے خواب میں حضور

پاک صلی اللہ علیہ وسلم کی زیارت کی اس نے واقعی حضور صلی اللہ علیہ وسلم ہی کی زیارت کی کیونکہ شیطان آپ صلی اللہ علیہ وسلم کی شکل میں ظاہر ہی نہیں ہوسکتا، یہ حقائق ہیں، اس کے خلاف بحث میں نہ پڑیں، تو بہتر ہے۔

بچپن سے جو دل میں آرزو وحسرت کروٹ لیتی اور بے چین رکھتی تھی اور گڑگڑا کر دعا مانگا کرتے تھے،

میرے مولا بلا لو مدینے مجھے

غم ہجر تو دے گا نہ جینے مجھے

اب اس کی مقبولیت کا وقت آگیا ہے، جیسے جیسے مدینہ منورہ کی بستی، کھجور کے درخت، عمارتیں نظر آتی جائیں، درود شریف اور سلام بادِل بےقرار، چشم پُرنم پڑھنے میں کثرت سے اضافہ کرتے جائیں، ایک مسافر درود سلام پڑھتا جاتا تھا اور مزے لے لے کر یہ شعر گنگناتا جاتا تھا۔

فہرست

اے دل سنبھل اب مت مچل
تھم تھم کے چل، آنکھوں کے بل

مدینہ منورہ کی ایمان پرور فضا اور اس کے مقامات کی عظمت اور گرد و نواح کی محبت اور علوشان کا خوب دھیان رکھئے، کیونکہ یہ مقامات، وحی الٰہی کے نزول کے ذریعہ آباد ہوئے ہیں، یہاں پر جبرئیل علیہ السلام بار بار آیا کرتے تھے اور حضرت میکائیل اور تمام منتخب فرشتے بھی حاضری دیا کرتے تھےاور مدینہ منورہ کی تربت (مٹی) سیّد البشر صلی اللہ علیہ وسلم کے جسمِ اطہر سے معطر ہےاور یہاں سے اللہ کا دین اور حضور صلی اللہ علیہ وسلم کی سنتیں پھیلی ہیں، غرضیکہ یہاں بڑی فضیلتوں کے مقامات ہیں اور خیر اور معجزات اور دلائل نبوت کے مشاہد ہیں لہٰذا ہم سب کو چاہئے کہ اس کی اہمیت کو تعظیم وتکریم سے حرز جاں بنائیں اور اس کی محبت وعظمت سے دل کو سرشار کرلیں۔

فہرست

گویا کہ ہم سب حقیقتاً آنحضرت صلی اللہ علیہ وسلم کی زیارت سے مشرف ہو رہے ہیں اور مشاہدہ کرر ہے ہیں کہ آپ صلی اللہ علیہ وسلم ہمارے سلام کو سن رہے ہیں، لہٰذا ہم سب کو چاہیئے کہ لڑائی، جھگڑا، بداخلاقی اور نامناسب قول وفعل سے پرہیز کریں۔

جس منزل سے گزریں اور معلوم ہو جائے کہ حضور صلی اللہ علیہ وسلم نے اس جگہ قیام فرمایا تھا، وہاں اگر موقعہ ہو تو اُتر کر نماز ادا کریں اور درود وسلام پڑھیں، اس سے محبت اور شوق و ولولہ میں اضافہ ہوگا۔

اس بات کا بھی دھیان رکھئے، کہ چھوٹی سے چھوٹی سُنّت بھی جہاں تک ممکن ہو سکے، چھوٹنے نہ پائے، یاد رکھئے......! ایک سُنّت کو زندہ کرنے کا ثواب سو شہیدوں کے برابر بتلایا گیا ہے۔

فہرست

مدینہ منورہ میں قیام گاہ پر پہنچ کر سامان کو ترتیب سے رکھیں، ساتھیوں کی ضروریات اور عادات اور تقاضوں کا خیال رکھتے ہوئے ہمدردی اور ایثار کو عمل میں لائیں، غسل اور صفائی مکمل کریں اور اچھے سے اچھا لباس زیب تن کریں، داڑھی اور بالوں میں کنگھا کریں، خوب سنواریں، خوشبو لگائیں، سرمہ لگائیں جیسا کہ رسول صلی اللہ علیہ وسلم نے ارشاد فرمایا:

اِنَّ اللّٰہَ جَمِیْلٌ یُحِبُّ الْجَمَالَ

کے مصداق اپنے کو سادگی سے آراستہ اور مزّین کریں (لیکن تعیّش اور دکھاوے کے جذبہ سے نہ ہو)، باہر نکل کر پہلے کچھ صدقہ کریں، آہستہ آہستہ، خراماں خراماں، وقار کے ساتھ ڈرے، سہمے کہ کہیں کوئی بے ادبی یا گستاخی نہ ہوجائے، قدم اُٹھاتے ہوئے مسجد نبوی (حرم شریف) تک آئیں، اگر آسانی ہو تو افضل یہی ہے کہ باب جبرئیل سے مسجد میں داخل ہوا جائے اور داہنا

قدم اندر رکھتے ہوئے

بِسْمِ اللّٰہِ وَالصَّلٰوۃُ وَالسَّلَامُ عَلٰی رَسُوْلِ اللّٰہِ اَللّٰھُمَّ اغْفِرْلِیْ ذُنُوْبِیْ وَافْتَحْ لِیْ اَبْوَابَ رَحْمَتِكَ

نَوَیْتُ سُنَّۃَ الْاِعْتِکَافِ

یہاں سے بھی اگر سہولت سے ہو سکے، تو سیدھے ریاض الجنّۃ پہنچ کر محراب میں یا اس کے سامنے، یا جہاں بھی آسانی سے ہو سکے دو رکعت تحیۃ المسجد پڑھیے، اگر جگہ نہ مل سکے تو خبردار ہرگز گردنوں کو پھلانگتے ہوئے آگے بڑھنے کی کوشش نہ کیجیے گا جہاں جگہ مل جائے وہیں پڑھ لیجیے، تحیۃ المسجد پڑھنے کی بڑی فضیلت ہے۔

نماز سے فارغ ہو کر ایک مرتبہ پھر اپنے آپ کو اچھی طرح جھنجوڑ لیجیے، غفلت و سستی سے بیدار ہو جائیے، جوش کی جگہ ہوش وحواس درست کر لیجیے، نیت صحیح کر لیجیے، خوب دھیان سے غور

کیجئے، سوچئے تو سہی یہ کس کا دربار ہے؟ محبوب رب العالمین کا، گناہ گاروں کی شفاعت کرنے والی ہستی کا، رحمۃ للعالمین کا اور یہ ان کا دربار ہے جن کے لئے ساری کائنات پیدا کی گئی، جن کے اشارے سے چاند کے ٹکڑے ہو گئے، جو معراج میں سدرۃ المنتہیٰ تک اور قاب قوسین بلکہ اس سے کم فاصلہ کے بقدر پہنچے کہ جبرئیل علیہ السلام نے کہا کہ میں اگر اس سے آگے گیا تو میرے پر جل کر خاک ہو جائیں گے، ایسا دربار جہاں مقرب و منتخب فرشتے اور حضرت جبرئیل علیہ السلام و حضرت میکائیل علیہ السلام، سلام کو آتے ہیں۔

ایک مرتبہ حضرت عمر رضی اللہ عنہ نے ان دو آدمیوں کو پکڑ بلوایا، جو مسجد نبوی میں تیز آواز سے بول رہے تھے، ان سے پوچھا کہ تم کہاں کے رہنے والے ہو، انہوں نے عرض کیا کہ ہم طائف کے رہنے والے ہیں، حضرت عمر رضی اللہ نے فرمایا کہ اگر

تم اس شہر (یعنی مدینہ) کے رہنے والے ہوتے تو تمہیں مزہ چکھاتا۔

اور دیکھئے ......! حضرت عائشہ رضی اللہ عنہا جب کہیں قریب سے کیل یا میخ وغیرہ کے ٹھوکنے کی آواز سُنتیں، تو آدمی بھیج کر ان کو روکتیں کہ زور سے نہ ٹھوکیں، حضور اقدس صلی اللہ علیہ وسلم کی تکلیف کا لحاظ رکھیں، اسی طرح حضرت علی کرم اللہ وجہہ کو اپنے مکان کے کواڑ بنوانے کی ضرورت پیش آئی تو بنانے والے کو فرمایا کہ شہر کے باہر بقیع میں بنا کر لائیں، ان کے بنانے کی آواز حضور صلی اللہ علیہ وسلم تک نہ پہنچے۔

ذرا غور تو فرمائیے! اتنی آواز اور شور بھی گوارہ نہ تھا، اب آپ ہی دیکھیں گے کہ بعض لوگ اپنے لاابالی پن اور صحیح حقیقت حال سے ناواقفیت کی وجہ سے جوش میں آ کر کس قدر بلند آواز اور تیز آواز سے صلوٰۃ وسلام پڑھتے ہیں کہ کان پڑی آواز سنائی نہیں

دیتی، اب آپ ہی بتائیں کہ اسے بے ادبی نہ کہیں تو پھر کیا کہا جائے، بہرحال یہ تو تسلیم کرنا پڑھے گا کہ بے شک ایسے لوگ تو عبادت محبت اور خلوص سمجھ کر ہی کرتے ہیں۔

دراصل حاضری کے وقت اور سلام پیش کرنے کے وقت حضور انور صلی اللہ علیہ وسلم کے ساتھ ادب واحترام اور تعظیم اور بزرگی کا وہی معاملہ ہونا چاہیئے جو زندگی میں تھا اس لئے کہ خود رسول مقبول صلی اللہ علیہ وسلم نے فرمایا:

جس نے میری وفات کے بعد میری زیارت کی اس کو وہی برکت ملے گی جیسے میری زندگی میں زیارت کی۔

سچ بتایئے، کیا آپ حضور اقدس صلی اللہ علیہ وسلم کی حیاتِ قدسی میں اس طرح کا منظر پیش کرتے جیسا کہ اب ہو رہا ہے، ہرگز نہیں۔

آخر لوگ اس بات کو کیوں بھول جاتے ہیں، کہ حق سبحانہ

وتقدس نے قرآن پاک ہی میں سورۃ الحجرات میں خصوصیت سے اس طرف تنبیہ فرمائی ہے، ارشاد والا ہے:

یٰۤاَیُّهَا الَّذِیْنَ اٰمَنُوْا لَا تَرْفَعُوْۤا اَصْوَاتَكُمْ فَوْقَ صَوْتِ النَّبِیِّ ط

اے ایمان والو! تم اپنی آوازیں نبی کریم صلّی اللہ علیہ وسلّم کی آواز سے اونچی نہ کرو اور نہ ہی حضور صلّی اللہ علیہ وسلّم سے ایسے زور سے گفتگو کرو، جیسا کہ تم آپس میں کرتے ہو۔

اب ایک دوسرے کو دھکے دے کر آگے بڑھنا اور منہ کے سامنے دیوار کی طرح آ کر کھڑے ہو جانا کہ سانس لینا دوبھر ہو جائے، یہ تو اور بھی برا ہے اور یہ کونسا اظہارِ عقیدت اور محبت ہے؟ لہٰذا یہ نہایت اہم اور ضروری بات ہے کہ سلام پڑھتے وقت شور وشغب ہرگز نہ کریں، نہ زور سے چلائیں، بلکہ متوسط آواز سے پڑھیں، مواجہہ شریف پر پہنچ کر سرہانے کی طرف جالی

مبارک میں تین جھروکے آپ کو نظر آئیں گے بس انہیں جھروکوں سے اندر کی طرف حضور اقدس صلی اللہ علیہ وسلم اور حضرت ابوبکر صدیق رضی اللہ عنہ، اور حضرت عمر رضی اللہ عنہ کی مبارک قبروں کا سامنا ہوتا ہے، ان جالیوں کی دیوار سے تین چار ہاتھ کے فاصلہ پر کھڑا ہونا چاہیے، یا جہاں جگہ مل جائے، زیادہ قریب نہ ہوں کہ ادب کے خلاف ہے، آنکھیں پُرنم ہوں، دل وفورِ محبت وعظمت میں دھڑک رہا ہو، نگاہیں نیچی ہوں، اِدھر اُدھر دیکھنا، اندر جھانکنا، اس وقت سخت بے ادبی ہے، پاؤں ساکن اور باوقار رکھیئے اور یہ تصور کیجئے کہ چہرۂ انور اس وقت میرے سامنے ہے اور حضور اقدس صلی اللہ علیہ وسلم کو میری حاضری کی اطلاع ہے، گھگھیاں بندھ جاتی ہیں، ہچکیاں مچلنے لگتی ہیں، آواز رندھ جاتی ہے، ادھر سے شفقت اور رحمت کی لہریں اٹھتی ہیں اور اپنے اُمتی کے دلوں پر سکون وطمانیت کی پھوار پڑنے لگتی ہیں۔

فہرست

اے حسن ازل اپنی اداؤں کے مزے لے

ہے سامنے آئینہ حیران محمد (صلی اللہ علیہ وسلم)

عام طور پر طوطے کی طرح رٹے ہوئے الفاظ دہرانے سے بہتر ہے، کہ ذوق وشوق سے صرف ''اَلصَّلٰوۃُ وَالسَّلَامُ عَلَیْکَ یَارَسُوْلَ اللہ'' پڑھتا رہے، بعض بزرگوں سے سُنا ہے کہ جس نے حضور اقدس صلی اللہ علیہ وسلم کے روضۂ اطہر کے پاس کھڑے ہوکر اِنَّ اللہَ وَمَلٰئِکَتَہٗ یُصَلُّوْنَ عَلَی النَّبِیِّ ط یٰآَیُّھَا الَّذِیْنَ اٰمَنُوْا صَلُّوْا عَلَیْہِ وَسَلِّمُوْا تَسْلِیْمًا'' تلاوت کی اور ستر مرتبہ صَلَّی اللہُ عَلَیْکَ یَا مُحَمَّد کہا تو ایک فرشتہ ندا دیتا ہے، کہ اس کی حاجت ضرور پوری ہوگی۔

ستر مرتبہ کی خصوصیت اس لئے ہے کہ عدد کو قبولیت میں دخل ہے، حضرت ابنِ عمر رضی اللہ عنہما صرف اَلسَّلَامُ عَلَیْکَ اَیُّھَا النَّبِیُّ وَرَحْمَۃُ اللہِ وَبَرَکَاتُہٗ پر اکتفاء کرتے تھے،

بعض حضرات طویل سلام پڑھنا پسند کرتے ہیں، سب ٹھیک ہے، مگر ادب اور عجز کے کلمات ہوں، مناسب سمجھیں تو حسب ذیل سلام بھی پڑھ لیا کریں۔

اَلسَّلَامُ عَلَيْكَ يَارَسُوْلَ اللهِ

اَلسَّلَامُ عَلَيْكَ يَانَبِيَّ اللهِ

اَلسَّلَامُ عَلَيْكَ يَاخِيَرَةَ اللهِ

اَلسَّلَامُ عَلَيْكَ يَاخَيْرَ خَلْقِ اللهِ

اَلسَّلَامُ عَلَيْكَ يَاحَبِيْبَ اللهِ

اَلسَّلَامُ عَلَيْكَ يَاسَيِّدَ الْمُرْسَلِيْنَ

اَلسَّلَامُ عَلَيْكَ يَاخَاتَمَ النَّبِيِّيْنَ

اَلسَّلَامُ عَلَيْكَ يَارَسُوْلَ رَبِّ الْعَالَمِيْنَ

اَلسَّلَامُ عَلَيْكَ يَاقَائِدَ الْغُرِّ الْمُحَجَّلِيْنَ

اَلسَّلَامُ عَلَيْكَ يَابَشِيْرُ

اَلسَّلَامُ عَلَيْكَ يَا نَذِيرُ

اَلسَّلَامُ عَلَيْكَ وَعَلٰى اَهْلِ بَيْتِكَ الطَّاهِرِيْنَ

اَلسَّلَامُ عَلَيْكَ وَعَلٰى اَزْوَاجِكَ الطَّاهِرَاتِ اُمَّهَاتِ الْمُؤْمِنِيْنَ

اَلسَّلَامُ عَلَيْكَ وَعَلٰى اَصْحَابِكَ اَجْمَعِيْنَ

اَلسَّلَامُ عَلَيْكَ وَعَلٰى سَائِرِ الْاَنْبِيَاءِ وَالْمُرْسَلِيْنَ وَسَائِرِ عِبَادِ اللّٰهِ الصَّالِحِيْنَ

جَزَاكَ اللّٰهُ تَعَالٰى عَنَّا يَا رَسُوْلَ اللّٰهِ اَفْضَلَ مَا جَزٰى نَبِيًّا عَنْ قَوْمِهٖ وَرَسُوْلاً عَنْ اُمَّتِهٖ

وَصَلّٰى عَلَيْكَ كُلَّمَا ذَكَرَكَ الذَّاكِرُوْنَ وَكُلَّمَا غَفَلَ عَنْ ذِكْرِكَ الْغَافِلُوْنَ

وَصَلّٰى عَلَيْكَ فِي الْاَوَّلِيْنَ وَصَلّٰى عَلَيْكَ فِي الْاٰخِرِيْنَ اَفْضَلَ وَاَكْمَلَ وَاَطْيَبَ مَا صَلّٰى عَلٰى اَحَدٍ مِّنَ الْخَلْقِ

فہرست

اَجْمَعِیْنَ

كَمَا اسْتَنْقَذَنَابِكَ مِنَ الضَّلَالَةِ وَبَصَّرَنَا بِكَ مِنَ الْعَمٰى وَالْجَهَالَةِ

اَشْهَدُ اَنْ لَّا اِلٰهَ اِلَّا اللّٰهُ وَاَشْهَدُ اَنَّكَ عَبْدُهٗ وَرَسُوْلُهٗ وَخِيَرَتُهٗ مِنْ خَلْقِهٖ وَاَشْهَدُ اَنَّكَ بَلَّغْتَ الرِّسَالَةَ وَاَدَّيْتَ الْاَمَانَةَ وَنَصَحْتَ الْاُمَّةَ وَجَاهَدْتَّ فِي اللّٰهِ حَقَّ جِهَادِهٖ

اَللّٰهُمَّ اٰتِهٖ نِهَايَةَ مَا يَنْبَغِيْ اَنْ يَّاْمَلَهُ الْاٰمِلُوْنَ

یاد رکھئے کہ حضور اقدس صلی اللہ علیہ وسلم کے روضۂ اطہر پر جا کر، آپ پر سلام پیش کرنا درود شریف پڑھنے سے بہتر ہے، اپنا سلام پڑھنے کے بعد ان حضرات کا سلام پہنچائیں جنہوں نے آپ کے ذریعہ سے سلام کہا ہو اور اللہ جل شانہ سے دُعا کیجئے اور حضور صلی اللہ علیہ وسلم سے شفاعت کی

فہرست

درخواست کیجئے، اس کے بعد تقریباً ایک ہاتھ دائیں طرف ہٹ کر حضرت ابوبکر صدیق رضی اللہ عنہ پر سلام پڑھئے، پھر تقریباً ایک ہاتھ دائیں طرف ہٹ کر حضرت عمر رضی اللہ عنہ پر سلام پڑھئے، اس کے بعد پھر پہلی جگہ یعنی حضور اقدس صلی اللہ علیہ وسلم کے سامنے آ جائیے اور اللہ جل شانہ سے خوب دعائیں مانگئے اور حضور اکرم صلی اللہ علیہ وسلم کی شفاعت کی دعا مانگئے اور حضرت ابوبکرؓ اور حضرت عمرؓ دونوں کے لئے خوب دعائیں کیجئے کہ تمام امت ان کا حق ادا نہیں کر سکتی، جیسا کہ ان حضرات نے حضور صلی اللہ علیہ وسلم کی نصرت اور رفاقت کا حق ادا کیا ہے، اس کا طریقہ یہ ہے کہ پہلے اللہ جل شانہٗ کی خوب حمد و ثناء کریں، یہاں کی حاضری کا اور اس کی تمام نعمتوں کا شکر ادا کریں، پھر عاجزانہ، ذوق و شوق سے درود شریف پڑھ کر اللہ تعالیٰ سے، اپنے لئے، اپنے والدین کے لئے، اپنے مشائخ کے لئے، اپنے اہل و عیال کے لئے، اپنے عزیز و اقارب کے لئے، اپنے دوستوں اور ملنے والوں کے

لئے،سعد عبدالرزاق اور اس کے گھر والوں کے لئے اور ان لوگوں کے لئے جنہوں نے دعا کی درخواست کی ہو اور تمام مسلمانوں کے لئے، زندوں کے لئے بھی، مُردوں کے لئے بھی ،خوب دعائیں مانگئے اور اپنی ان دعاؤں کو آمین پرختم کیجئے۔

اس کے بعد ریاض الجنۃ میں جتنے ستون ہیں، مثلاً استوانہ ابولبابہ، استوانہ وفود، استوانہ عائشہ، استوانہ حنانہ، محراب و منبر پر درود شریف اور نوافل کا اہتمام رکھئے اور خوب دعائیں مانگئے۔

اس بات کا اچھی طرح خیال رکھئے گا، کہ کسی کے ساتھ دھکم پیل نہ ہو، جگہ گھیر کر نہ بیٹھ جائیں، دوسروں کو بھی موقع دیں اور اس کا بھی خیال رکھیں کہ دیواروں اور جالیوں پر عطر نہ لیپیں اور گندگی نہ پھیلائیں، دیواروں کو بوسہ نہ دیں، یہ سب باتیں بڑی بے ادبی اور گستاخی کی ہیں، اکثر دیکھا گیا ہے کہ ایک آدمی نماز

پڑھ رہا ہے، اس کے آگے آکر اپنی نماز کی نیّت باندھ لی، اس کو کہنی مار کر کھسکا دیا، وہ سجدہ میں گیا تو اس پر سے پھاندتے ہوئے نکل گئے یا جا گرے، یہ سب بہت معیوب حرکتیں ہیں، کھچا کھچ حرم شریف بھرا ہوا ہے کہیں تل دھرنے کی جگہ نہیں گردن پھلانگتے ہوئے آگے نہ بڑھیں جہاں جگہ مل جائے وہی بہتر ہے، عرب حضرات خوشبو کے بہت ہی دلدادہ ہیں ان کو عطر دیجئے یا لگا دیجئے آپ کے لئے جگہ حاضر ملے گی ان شاء اللہ تعالیٰ۔

حج کے موقعہ پر لاکھوں کا مجمع ہے اگر سب حضور اقدس صلی اللہ علیہ وسلم کے اس دعوت والے کام اور مشن کو پورا کرنے کا عزم کرلیں تو اسی مجمع سے کتنی جماعتیں اور افراد چاردانگ عالم میں پھیل سکتے ہیں اور دین وایمان کی دعوت کو گھر گھر، قریہ قریہ پہنچا سکتے ہیں اور اب تو اس دعوت وتبلیغ کے بغیر چارۂ کار نہیں جس بات کا چرچہ کیا جاتا ہے وہ بات رواج اور عمل میں آجاتی ہے آپ

ذرا کر کے تو دیکھیں۔

لیجئے زہے نصیب اب وہ ساعت بھی آ گئی محض اللہ تعالیٰ کے فضل و کرم سے کہ ہم اور آپ مواجہہ شریف پر کھڑے ہیں اور دیکھئے، یہ آپ کے سامنے محبوبِ خدا صلی اللہ علیہ وسلم کے دربار کی جالیاں ہیں، باادب باوقار۔

خبردار...... آواز اونچی نہ ہونے پائے کہ کہیں بے ادبی نہ ہو جائے، مگر یہ کہ رِقّت اور گریہ طاری ہو جائے تو ہوش و حواس کو قابو میں رکھئے، نامعلوم آپ سے زیادہ کتنے اللہ تعالیٰ کے محبوب صلی اللہ علیہ وسلم کے محبوب آپ کے درمیان کھڑے ہوں اور آپ کے شور و غل سے ان کی یکسوئی میں خلل پیدا ہو رہا ہو اور ناگواری کا سبب بنے، آپ بھی مؤدبانہ اور عاجزانہ، سر جھکائے سلام پیش کیجئے، جیسے بچھڑا ہوا بچہ ماں کی گود میں مچل جاتا ہے، اگر وقت ہو تو سکون کے ساتھ ذرا ٹھہر جایئے پھر توجہ کے ساتھ دل

کے کان سے دھیان دے کر سنئے آپ کے سلام اور اس گریہ کا کیا جواب ملتا ہے؟

جواب ملے گا یقیناً ملے گا اور دل ہی سے ملے گا اگر محبت اور غلامی کا کچھ حق ادا کیا ہوگا تو کیا عجب یہ ظاہری کان بھی سُن لیں، کیونکہ جتنی قوی محبت ہوتی ہے اتنا ہی قوی تصور قائم ہوتا ہے پھر ایسے تصور کا متشکل ہوجانا بھی ممکن ہوجاتا ہے ممکن کے یہ معنی نہیں کہ وقوع پذیر بھی ہوجائے کسی کو ہو جاتا ہے، سب کو نہیں ہوتا۔

سلام کے جواب میں آپ سے یہ بھی سوال کیا جا سکتا ہے کہ میرے پیارے اُمتی! جو کام ہم نے تمہارے لئے کیا ہمارے صحابہ نے کیا یعنی دین کی دعوت کا کام، تم بھی وہ کام کتنا کر کے ہمارے پاس آئے ہو، ذرا دیر کے لئے پھر غور سے سوچئے، اگر آپ دین کی دعوت کا کام کر رہے ہیں تو بات کھل جائے گی اور

حضور اقدس صلی اللہ علیہ وسلم اس سے کتنا خوش ہوں گے، آپ اس کا اندازہ نہیں لگا سکتے اور بالفرض والمحال اگر دین کی اشاعت کا کام نہیں کیا ہے تو اب پکا ارادہ کر لیجئے کہ کہ واپس جا کر بقیہ تمام عمر یہ کام بھی کریں گے اور ضرور کریں گے...... ان شاء اللہ تعالیٰ۔

یاد رکھیئے دعا اور دعوت کا مادہ (اصل) عربی قاعدہ کے مطابق ایک ہی ہے، یعنی دعا اور دعوت لازم وملزوم ہیں، دعوت کا کام چھوڑ دینے ہی کی وجہ سے آج اُمت میں زوال ونکبت ہے اور پسپائی ہمارا مقدر بن گئی ہے، نبی کریم صلی اللہ علیہ وسلم کے دربار رسالت میں پہنچ کر بھی اگر یہ احساس نہ ہوا تو کب اور کہاں ہوگا، اس کا فیصلہ اسی مقام پر کر کے جایئے گا، کیونکہ یہ بات یہیں ختم نہیں ہو جائے گی بلکہ آپ کا نامۂ اعمال ہر پیر اور جمعرات کو پیش ہوتا ہے اور ہوتا رہے گا جیسا کہ حدیث پاک میں وارد ہوا ہے۔

فہرست

آپ کی دعوت کی محنت کے بقدر حضور صلی اللہ علیہ وسلم کو راحت یا تکلیف پہنچتی رہے گی۔

یوں تو حج اور حرمین شریفین کا تمام سفر ادب واحترام اور تقدس وطہارت کا متقاضی ہے لیکن دربارِ حبیب رب العالمین، باعث وجود کائنات، رحمۃ للعالمین صلی اللہ علیہ وسلم میں پہنچ کر بہت ہی اہتمام اور خیال رکھنے کی ضرورت

ہے۔

دیکھئے میرے عزیز بھائیو اور بہنو......! یہ کھیل نہیں، ہنسی نہیں، یہ دربار نبی صلی اللہ علیہ وسلم ہے، یہاں اُونچی آواز نہ نکالیں، یہاں تو پیشاب پاخانہ کرنا بھی سوءادب ہے، چپہ چپہ پر حضور پاک صلی اللہ علیہ وسلم کے قدم مبارک پڑے ہوں گے اور فرشتے قطار اندر قطار اپنے پر بچھائے ہوئے ہوتے ہیں، ہر وقت یہ دھیان رہے کہ کسی کی غیبت نہ ہو، کسی کی تخفیف نہ ہو، کسی کی دل

آزاری نہ ہوجائے، تُوتُو میں میں نہ ہو، کوئی تکرار اور اکڑ مکڑ نہ ہونے پائے، یہاں کے لوگ حضور صلی اللہ علیہ وسلم کے پڑوسی ہیں اہل مدینہ ہیں اُن کے اکرام اور اعزاز میں کمی نہ آنے پائے، خرید وفروخت میں بھی یہ خیال رکھیئے کہ میری طرف سے یہاں کے لوگوں کو جتنا زیادہ سے زیادہ نفع اور خوشی پہنچ جائے حضور صلی اللہ علیہ وسلم کی خوشی اور رضا کا سبب بنے گا، اُن کی خدمت ان کو ہدیہ دینا آپ کا اور ہمارا فرض ہے، یاد رکھئے...... کہ دینے والا کوئی اور ہے وہ دلواتا ہے اور ہم دیتے ہیں اس کو دوسرے الفاظ میں توفیق کہتے ہیں اور کون ہے جو توفیق کا آرزومند نہیں۔

جھولیاں سب کی بھرتی جاتی ہیں

دینے والا نظر نہیں آتا

جب تک قیام کی منظوری ہو بار بار خدمت اقدس میں کھڑے، بیٹھے، مواجہہ شریف پر، قدم مبارک کی طرف، اصحاب

صفہ کی طرف، ریاض الجنّۃ میں، ستونوں کے قریب، روضۂ مبارک کی چوکھٹ پر، محراب میں اور محراب کے سامنے، ہر جگہ زانوئے ادب تہہ کئے جوش سے زیادہ ہوش سے صلوۃ وسلام، تلاوت، نوافل میں اور گشت وتعلیم میں ہمہ تن مصروف رہیں اور جب رخصت کا وقت آئے تو انہیں خیالات اور عزائم کے ساتھ، باصد ہزاراں حسرت وغم آنسوؤں سے چھلکتے ہوئے آنکھوں کے کٹورے ہوں اور دل میں جدائی کے زخم اس طرح ہنس رہے ہوں جس طرح سلگتے ہوئے کوئلے پر چنگاری ہنستی ہوئی دکھائی دیتی ہے، جی ہاں زخم ہنستے ہیں اس وجہ سے کہ رسول اللہ صلّی اللہ علیہ وسلّم کے انوارات وتجلیّات اور یاد اور صلوٰۃ وسلام ہمارے ساتھ کئے جارہے ہیں بطور عطیات اور خلعت کے، سارا وجود سسکیاں لے رہا ہو ہچکیاں بندھی ہوں بار بار حاضری کی درخواست ہو اور مواجہہ شریف پر آکر کھڑے ہوجایئے اور

رخصت طلب کیجئے اور زبان پر

اَلْوَدَاعُ یَا رَسُوْلَ اللہِ صَلَّی اللہُ عَلَیْہِ وَسَلَّمَ

اَلْفِرَاقُ یَا نَبِیَّ اللہِ صَلَّی اللہُ عَلَیْہِ وَسَلَّمَ

کی رٹ لگی ہو اور ایسی حالت میں باہر آجایئے۔

نکل جائے وہ حسرت ہے جو رہ جائے وہ ارمان ہے

احکام سفر

❶ شریعت کی نظر میں جو مسلمان عورت اڑتالیس ۴۸ میل (تقریباً اٹھتر ۷۸ کلومیٹر) کے سفر کا ارادہ کر کے اپنے گھر سے روانہ ہو، اسے مسافرہ کہتے ہیں، ایسی عورت پر شہر کی حدود سے باہر نکلتے ہی، ظہر، عصر اور عشاء کی نماز بجائے چار فرض کے دو فرض ہو جاتی ہے، اسے قصر کہتے ہیں۔

❷ فجر، مغرب اور وتر میں کوئی کمی نہیں ہوتی جس طرح عام حالات میں پڑھی جاتی ہیں سفر میں بھی اسی طرح پڑھی جائیں گی۔

❸ اگر کوئی مسافرہ کسی مقیم امام کے پیچھے نماز پڑھے گی تو اسے پوری نماز ادا کرنا لازم ہوگا۔

❹ اگر مسافرہ، مقیم امام کے پیچھے نماز نہ پڑھ رہی ہو تو اسے ہر حال میں قصر نماز ہی پڑھنا ہوگی، اگر پوری نماز پڑھ لی تو

گناہگار بھی ہوگی اور اگر پوری نماز پڑھنے کی صورت میں سجدہ سہو نہ کیا تو نماز دوبارہ پڑھنی ہوگی۔

❺ مسافرہ اپنے شہر سے نکلنے کے بعد اگر کسی جگہ قیام کا ارادہ کرے، اگر اس نے وہاں پندرہ دن یا اس سے زیادہ قیام کا ارادہ کیا تو یہ مسافرہ اب وہاں مقیمہ ہو جائے گی اور اب اسے پوری نماز پڑھنا ہوگی، لہٰذا اگر کوئی عورت مکہ مکرمہ یا مدینہ منورہ جا کر پندرہ دن یا اس سے زیادہ کی نیت کرے گی تو اسے وہاں پوری نماز پڑھنا ہوگی۔

❻ **گھر سے روانگی کے وقت عورت اگر ایام سے ہو تو اس کا سفر شمار نہیں ہوگا مثال کے طور پر ایک عورت کراچی سے ایام کی حالت میں مکہ مکرمہ روانہ ہوئی تو یہ عورت مسافر شمار نہیں ہوگی، مکہ مکرمہ پہنچنے کے بعد پاک ہو جانے کی صورت میں بھی یہ عورت مکہ مکرمہ میں مقیمہ ہی شمار ہوگی اور اپنی نمازیں پوری ادا کرے گی**

البتہ اڑتالیس ۴۸ میل تقریباً اٹھتر ۷۸ کلومیٹر کے سفر کی نیت سے مکہ مکرمہ کی حدود سے نکلتے ہی اس پر مسافروں والے احکام لاگو ہوجائیں گے۔

عورتیں اور باجماعت نماز

عورتوں کے لئے مسجد میں جا کر باجماعت نماز پڑھنے سے بہتر اور افضل یہ ہے کہ وہ اپنے گھروں میں نماز پڑھا کریں، عام طور پر عورتیں گھروں ہی میں نماز کا اہتمام کرتی ہیں لیکن حرمین شریفین میں حاضری کے موقع پر بسا اوقات نمازیں باجماعت پڑھنے کی نوبت آجاتی ہے اور چونکہ عورتیں جماعت کی نماز کے مسائل اور جماعت میں شامل ہونے کے طریقہ سے عام طور پر ناواقف ہوتی ہیں اس لئے بعض اوقات ان سے بڑی غلطیاں سرزد ہوجاتی ہیں، اس لئے اس بات کی ضرورت محسوس کی گئی کہ باجماعت نماز سے متعلق کچھ مسائل کو ذکر کردیا جائے تاکہ نمازیں

محفوظ رہ سکیں، البتہ یہ بات ضرور ملحوظ رہے کہ بہرحال عورتوں کے لئے اپنے قیام کی جگہ ہی میں جہاں نامحرموں کا آنا جانا نہ ہو نماز پڑھنا افضل ہے۔

مسئلہ: امام کے پیچھے نماز پڑھنے والی کو مقتدیہ کہتے ہیں۔

مسئلہ: جس جماعت کی نماز میں عورتیں شامل ہوں اس کی صفوں کی ترتیب اس طرح ہونی چاہئے کہ پہلے مردوں کی صفیں ہوں پھر بچوں کی اور پھر عورتوں کی صف ہو۔

مسئلہ: عورتوں کے لئے مردوں کے بیچ میں کھڑے ہوکر نماز پڑھنا جائز نہیں اس سے مردوں کی نماز فاسد ہوجاتی ہے۔

مسئلہ: اگر کوئی عورت کسی امام کے پیچھے نماز پڑھ رہی ہے تو وہ نماز میں قراءت نہیں کرے گی بلکہ امام کا قراءت کرنا ہی اس کے لئے کافی ہے۔

مسئلہ: مقتدیہ کے لئے ہر رکن امام کے ساتھ ہی بلا تاخیر ادا کرنا

فہرست

سنت ہے۔

مسئلہ: جس رکعت کا رکوع امام کے ساتھ مل جائے تو یہ سمجھا جائے گا کہ گویا وہ پوری رکعت مل گئی اور وہ پوری رکعت شمار ہوگی اور اگر رکوع کے بعد شامل ہوئی تو اس رکعت کو امام کے سلام پھیرنے کے بعد ادا کرنا ہوگا، جس کا طریقہ آگے لکھا جا رہا ہے۔

مسئلہ: اگر جماعت کی نماز میں صرف آخری قعدہ امام کے ساتھ ملا کوئی رکعت نہ ملی تب بھی جماعت کا ثواب ملے گا۔

مسئلہ: جس کی امام کے ساتھ کچھ رکعتیں چھوٹ جائیں اسے مسبوقہ کہتے ہیں۔

مسئلہ: مسبوقہ کو چاہئے کہ امام کے ساتھ جتنی نماز مل جائے اسے ادا کرے اور امام کے نماز ختم کرنے پر سلام پھیرے بغیر اَللّٰہُ اَکْبَرُ کہتی ہوئی کھڑی ہو جائے اور اپنی نماز مکمل کرے۔

مسئلہ: مسبوقہ کے لئے ضروری ہے کہ اس کی جتنی رکعتیں چھوٹ

گئیں ہیں ان کو قراءت کے ساتھ ادا کرے اور ان رکعتوں کی ادائیگی کے دوران کوئی غلطی ہو جائے تو سجدہ سہو کرے۔

مسئلہ: مسبوقہ کو اپنی چھوٹی ہوئی رکعتیں اس ترتیب سے ادا کرنی چاہئے کہ پہلے قراءت والی (یعنی جن رکعتوں میں سورۂ فاتحہ کے ساتھ سورت ملائی جاتی ہے) رکعتیں ادا کرے اور اس کے بعد بغیر قراءت والی (یعنی جن رکعتوں میں سورۂ فاتحہ کے ساتھ سورت نہیں ملائی جاتی) رکعتیں ادا کرے، اور جو رکعتیں امام کے ساتھ ادا کر چکی ہے اس کے حساب سے پہلا اور آخری قعدہ (تشہد، التحیات) کرے، یعنی ان رکعتوں کو ملا کر جو دوسری اور آخری رکعت ہو اس میں قعدہ کرے۔

مثال ❶: ظہر کی نماز کی پہلی رکعت میں امام کے رکوع سے کھڑے ہونے سے پہلے پہلے کوئی عورت امام کے ساتھ شریک ہوئی، تو اس کو مکمل نماز امام کے ساتھ مل گئی اسے چاہئے کہ امام

خواتین حج کیسے کریں

کے سلام پھیرنے کے ساتھ سلام پھیر دے۔

مثال ۲: ظہر کی نماز کی دوسری رکعت میں کوئی عورت امام کے ساتھ شریک ہوئی، اس کو چاہئے کہ امام کے سلام پھیرنے کے بعد بغیر سلام پھیرے اَللّٰہُ اَکْبَرُ کہتی ہوئی کھڑی ہوجائے، اور اس رکعت میں سورۂ فاتحہ کے ساتھ سورت پڑھے پھر رکوع سجدہ سے فارغ ہوکر آخری قعدہ کرے اور سلام پھیر دے۔

مثال ۳: ظہر کی نماز کی تیسری رکعت میں کوئی عورت امام کے ساتھ شریک ہوئی، اس کو چاہئے کہ امام کے سلام پھیرنے کے بعد بغیر سلام پھیرے اَللّٰہُ اَکْبَرُ کہتی ہوئی کھڑی ہوجائے، اور باقی رہ جانے والی دونوں رکعتیں اس ترتیب سے ادا کرے کہ پہلی رکعت میں سورۂ فاتحہ کے ساتھ سورت پڑھے پھر رکوع سجدہ سے فارغ ہوکر اَللّٰہُ اَکْبَرُ کہتی ہوئی کھڑی

ہوجائے (اس لئے کہ یہ ان ملی ہوئی رکعتوں کے اعتبار سے تیسری رکعت ہے) اور سورۂ فاتحہ کے ساتھ سورت پڑھے پھر رکوع سجدہ سے فارغ ہوکر آخری قعدہ کرے اور سلام پھیر دے۔

مثال ❹: ظہر کی نماز کی چوتھی رکعت میں کوئی عورت امام کے ساتھ شریک ہوئی، اس کو چاہئے کہ امام کے سلام پھیرنے کے بعد بغیر سلام پھیرے اَللّٰہُ اَکْبَرُ کہتی ہوئی کھڑی ہوجائے، اور باقی رہ جانے والی تین رکعتیں اس ترتیب سے ادا کرے کہ پہلی رکعت میں سورۂ فاتحہ کے ساتھ سورت پڑھے پھر رکوع سجدہ سے فارغ ہوکر پہلا قعدہ کرے اس لئے کہ یہ اس ملی ہوئی رکعت کے اعتبار سے دوسری رکعت ہے، پھر اَللّٰہُ اَکْبَرُ کہتی ہوئی کھڑی ہوجائے اور سورۂ فاتحہ کے ساتھ سورت پڑھے پھر رکوع سجدہ سے فارغ ہوکر اَللّٰہُ اَکْبَرُ کہتی ہوئی کھڑی ہوجائے کیونکہ یہ اس ملی

ہوئی رکعت کے اعتبار سے تیسری رکعت ہے، پھر اَللّٰہُ اَکْبَرُ کہتی ہوئی کھڑی ہوجائے اور سورۂ فاتحہ پڑھے لیکن اس کے ساتھ سورت نہ ملائے اور رکوع سجدہ سے فارغ ہوکر آخری قعدہ کرے اور سلام پھیر دے۔

ضروری وضاحت: یہ بات یاد رکھیں کہ کسی رکعت کا رکوع امام کے ساتھ مل جانے کی صورت میں یہ سمجھا جائے گا کہ وہ پوری رکعت مل گئی اور رکوع چھوٹ جانے کی صورت میں یہ سمجھا جائے گا کہ گویا وہ پوری رکعت چھوٹ گئی۔

مسئلہ: اگر کوئی بالغہ عورت دوران جماعت کسی مرد کے برابر میں بغیر کسی حائل کے کھڑی ہوجائے یا مرد کے آگے کھڑی ہوجائے تو اس سے مرد کی نماز فاسد ہوجائے گی۔

نوٹ: ضرورت کی بناء پر چند مسائل کو ذکر کیا جا رہا ہے تفصیلی مسائل معلوم کرنے اور اپنی نمازوں کو درست طریقہ پر ادا کرنے

فہرست

کے لئے نماز کے مسائل پر مشتمل مستند کتابوں کا مطالعہ کریں اور فوری پیش آنے والے مسائل کسی مستند عالم دین سے دریافت کریں۔

نماز جنازہ

جنازہ کی نماز فرض کفایہ ہے، اگر کچھ لوگ (چاہے ایک مرد یا عورت) پڑھ لیں تو یہ فرض تمام لوگوں کی طرف سے ادا ہو جائے گا۔

عام طور پر عورتوں کو نماز جنازہ پڑھنے کا موقع نہیں ملتا اس لئے عام طور پر عورتیں نماز جنازہ کے طریقے سے ناواقف ہوتی ہیں لیکن حرمین شریفین کی حاضری کے موقع پر عورتوں کو بعض اوقات نماز جنازہ پڑھنے کا موقع مل جاتا ہے اس لئے مختصر طور پر نماز جنازہ کا طریقہ ذکر کیا جاتا ہے اسے اچھی طرح ذہن نشین کرلیں۔

❶ نماز جنازہ شروع کرنے سے پہلے نیت کی جائے۔

❷ نیت کرنے کے بعد دونوں ہاتھ تکبیر تحریمہ (نماز کی پہلی تکبیر) کی طرح سینہ تک اٹھائے اور اَللّٰهُ اَكْبَرُ کہتے ہوئے دونوں ہاتھوں کو نماز کی طرح باندھ لے۔

❸ پھر سُبْحَانَكَ اللّٰهُمَّ وَبِحَمْدِكَ وَتَبَارَكَ اسْمُكَ وَتَعَالٰى جَدُّكَ وَلَاۤ اِلٰهَ غَيْرُكَ پڑھیں۔

❹ پھر دوسری تکبیر کہیں لیکن ہاتھ نہ اٹھائیں اور نماز والا درود شریف (درود ابراہیمی) پڑھیں۔

❺ پھر تیسری تکبیر کہیں لیکن ہاتھ نہ اٹھائیں اور میت کے لئے دعا کریں۔

اگر میت بالغ مرد یا عورت کی ہو تو یہ دعا پڑھیں:

اَللّٰهُمَّ اغْفِرْ لِحَيِّنَا وَمَيِّتِنَا وَشَاهِدِنَا وَغَائِبِنَا وَصَغِيْرِنَا وَكَبِيْرِنَا وَذَكَرِنَا وَاُنْثَانَا اَللّٰهُمَّ مَنْ اَحْيَيْتَهٗ مِنَّا فَاَحْيِهٖ عَلَى الْاِسْلَامِ وَمَنْ تَوَفَّيْتَهٗ مِنَّا فَتَوَفَّهٗ عَلَى الْاِيْمَانِ

فہرست

اگر میت نابالغ لڑکا ہو تو یہ دعا پڑھیں

اَللّٰھُمَّ اجْعَلْہُ لَنَا فَرَطًا وَّاجْعَلْہُ لَنَا اَجْرًا وَّذُخْرًا وَّاجْعَلْہُ لَنَا شَافِعًا وَّ مُشَفَّعًا

اگر میت نابالغہ لڑکی ہو تو یہ دعا پڑھیں

اَللّٰھُمَّ اجْعَلْھَا لَنَا فَرَطًا وَّاجْعَلْھَا لَنَا اَجْرًا وَّذُخْرًا وَّاجْعَلْھَا لَنَا شَافِعَۃً وَّ مُشَفَّعَۃً

۶ پھر چوتھی تکبیر کہیں لیکن ہاتھ نہ اٹھائیں اور نماز کی طرح دونوں طرف سلام پھیر دیں۔

مسئلہ: نماز جنازہ میں چار مرتبہ تکبیر کہی جاتی ہے لیکن ہاتھ صرف پہلی تکبیر میں اٹھائے جاتے ہیں ہیں۔

مسئلہ: اگر یہ معلوم نہ ہو سکے کہ میت بالغ کی ہے یا نابالغ کی یا ایک ساتھ کئی میتوں کی نماز جنازہ اکٹھی پڑھی جارہی ہو تو تیسری تکبیر کے بعد بالغوں والی دعا پڑھی جائے گی۔

فہرست

مسئلہ: حرمین شریفین میں عام طور پر امام ایک سلام پھیر کر نماز جنازہ ختم کر دیتے ہیں ایسی صورت میں امام کے سلام پھیرنے کے بعد دوسرا سلام خود پھیر دیں۔

مسئلہ: اگر نماز جنازہ میں شامل ہوتے ہوئے کچھ تکبیریں چھوٹ گئی ہوں تو امام کے ساتھ شامل ہو جائیں اور سلام پھیرنے سے پہلے چھوٹی ہوئی تکبیرات کہہ کر سلام پھیر دیں، واضح رہے کہ اس صورت میں صرف تکبیرات کہی جائیں گی ان کے بعد پڑھے جانے والے اذکار نہیں پڑھے جائیں گے۔

فہرست

خواتین حج کیسے کریں

تالیف

مفتی سعد عبدالرزاق

فاضل جامعہ فاروقیہ
متخصص جامعۃ العلوم الاسلامیہ
علامہ بنوری ٹاؤن کراچی

Hajj Book

A Complete Guide for Hajj & Umrah
with Women Personal Masail and Guidance

BY
MUFTI SAAD ABDUR RAZZAQ

URDU EDITION
KHAWATEEN HAJJ KAISE KARE

ISLAMIC BOOK STORE